# Blockchain

Conociendo la Revolución del Blockchain y la
Tecnología detrás de su Estructura

**Mark Smith**

adversidad, daño o pérdida monetaria como consecuencia de la información aquí descrita, de manera directa o indirecta.

Los autores señalados en este libro poseen todos los derechos de autor que no pertenecen al editor.

La información contenida en estas páginas solo tiene fines informativos, y es de carácter universal. La información es presentada sin ningún tipo de contrato o garantía.

Las marcas registradas que aparecen aquí se mencionan sin consentimiento escrito, sin permiso ni respaldo de sus titulares. Todas las marcas registradas y de otro tipo mencionadas en este libro aparecen estrictamente con fines educativos y pertenecen a sus titulares, quienes no están relacionados con esta publicación.

# Tabla de Contenido

# Introducción

Quiero agradecerte y felicitarte por haber adquirido el libro, *"Blockchain: Conociendo la Revolución del Blockchain y la Tecnología detrás de su Estructura"*.

Este libro contiene métodos y estrategias comprobadas para entender completamente qué es la blockchain, de qué se trata esta revolución y la tecnología involucrada en todo esto, impulsando una de las más grandes innovaciones en informática durante los últimos años.

Aprenderás que es una blockchain, y luego discutiremos qué es la tecnología blockchain. Luego se explicará cómo la tecnología blockchain puede cambiar nuestro mundo para siempre.

Muchos de ustedes quizás ya hayan escuchado el término, "blockchain" repetidas veces en los últimos años. Esto se debe a que se trata de la tecnología base, la estructura del Bitcoin: la moneda digital que cada día está siendo utilizada por más personas. Los bancos creen que la blockchain puede convertirse en el futuro de todas las transacciones financieras y las autoridades gubernamentales están siendo exhortadas para que empleen esta tecnología como forma permanente y segura de almacenamiento de datos y transacciones.

Es hora de entrar al mundo de blockchain, su tecnología y qué significa esto para nosotros en el futuro.

Blockchain

¡Gracias nuevamente por comprar este libro, espero que realmente lo disfrutes!

# Parte 1:
# Conociendo la Blockchain y la Tecnología detrás de su Estructura

# Capítulo 1: ¿Qué es una Blockchain?

Una blockchain, también llamada "cadena de bloques" en español, es una estructura de datos que agrupa una serie de registros en una lista que siempre está creciendo. Cada registro se conoce como bloque que permite a la blockchain estar totalmente asegurada de cualquier tipo de modificación. Cada registro, o bloque, tiene una marca de hora y fecha, y también está enlazado al registro anterior, como una cadena: de ahí su nombre.

Todos sabemos que la blockchain es la tecnología detrás de la moneda digital, el Bitcoin. La idea del Bitcoin nació en el 2008, y en el 2009 se hizo realidad, donde el rol del blockchain es funcionar como un registro público de cada transacción de Bitcoin. En el caso del Bitcoin, cada cliente puede conectarse a la plataforma y hacer transacciones por la misma. También pueden verificar sus transacciones, y unirse a la gigantesca competencia que existe para la creación de bloques nuevos, una competencia conocida como minería.

## Breve Historia

Cuando todavía se diseñaba su concepto, la blockchain solo se pensaba usar para el Bitcoin y se originó como la solución para crear bases de datos completamente seguras y con una amplia capacidad de distribución. Desde el 2014, el término "blockchain 2.0" comenzó a utilizarse en el ámbito de las bases de datos y esta blockchain de segunda generación fue descrita en el portal 'The Economist' por tener un "lenguaje programable que permite a los usuarios escribir contratos inteligentes más sofisticados, creando facturas que se pagan automáticamente cuando un envío llega a su destino o comparte certificados que automáticamente envía dividendos a sus propietarios si las ganancias alcanzan cierto nivel".

En el 2016, el proyecto de un prototipo basado en la tecnología blockchain fue anunciado por el Depósito Centralizado de Valores de la Federación de Rusia, y varios organismos reguladores en la industria musical han comenzado a probar modelos para la recolección de comisiones por regalías y derechos de autor, utilizando la tecnología blockchain.

## Cómo se forma una Blockchain

Cada blockchain está hecha de bloques, y cada uno de estos contiene una transacción valida. Cada bloque incluye un resumen criptográfico, o *hash*, del bloque anterior lo cual enlaza a ambos bloques. Estos enlaces forman una cadena. Aparte de contener un historial de cada hash, todas las bases de datos de la blockchain poseen un algoritmo específico. Esto es con la finalidad de evaluar diferentes versiones de los historiales, y permitir seleccionar una versión con un valor mayor al resto. Las personas que se encargan del mantenimiento de este tipo de base de datos no tienen acceso a las mismas versiones del historial todo el tiempo, en su lugar, utilizan la versión con mayor valor (o la que conozcan). Cuando una persona obtiene una versión con mayor valor, usualmente será la misma versión que ya tiene, pero con un nuevo bloque añadido a la cadena. En este punto, la persona sobrescribirá la base de datos que tiene y enviará los cambios a las demás. Sin embargo, no existe garantía de que un bloque permanezca en la versión con mayor valor del historial por siempre; pero, como una blockchain está hecha para conectar bloques con aquellos que los preceden en la cadena, las probabilidades de que una entrada sea reemplazada en su totalidad son bajas, especialmente mientras se añaden más bloques a la cadena, y debido a que existen incentivos para seguir añadiendo bloques y extender la cadena, en vez de trabajar solo con los bloques existentes.

## Descentralización

Teniendo en cuenta que cada blockchain almacena datos a través de la red, no se presentan los mismos riesgos que afectan modelos de bases de datos centralizadas. Esto se debe a que la red no tiene puntos centralizados vulnerables que los piratas informáticos, o hackers, puedan aprovechar. Todos sabemos que en la actualidad, el internet tiene muchos problemas de seguridad; muchos de nosotros dependemos de un sistema de nombres de usuarios y contraseñas para proteger información valiosa y nuestra identidad, y estos pueden ser hackeados fácilmente, mientras que la blockchain utiliza tecnología de cifrado para incrementar la ciberseguridad.

La tecnología de cifrado está basada en un sistema de llaves públicas y privadas. La llave pública es una larga cadena de números, generada al azar, y es la dirección blockchain del usuario. Una transacción completada se registra bajo esa dirección y su usuario específico. Por otro lado, la llave privada es similar a una contraseña en el sentido de que permite al usuario acceder a sus activos digitales. Si almacenas datos en una blockchain, estos no pueden ser adulterados, aunque deberás tomar medidas adicionales: como crear un monedero de papel (físico), donde imprimirás tu llave privada para mantenerla en un lugar seguro.

Cada nodo en un sistema descentralizado contiene una copia de la blockchain. No hay una copia centralizada oficial alguna y ningún usuario tiene más autoridad que otro. Todas las transacciones son enviadas a la red con el uso de un software. Los nodos mineros son usados para validar cada una de las transacciones y añadirlas a la blockchain que se está creando en ese momento. El bloque entero es enviado luego a otros nodos. Cada cambio es etiquetado con el uso de marcas de fecha.

En su comienzo, las blockchains no necesitaban permisos de acceso, lo cual generó mucha polémica en cuanto a si una base de datos con permisos para contener bloques enlazados con información debería reconocerse como una blockchain. Esta es una discusión que continúa en la actualidad, y el punto crucial de ella es determinar si los sistemas privados con verificadores, quienes están empleados y autorizados por una autoridad central también son considerados parte de una blockchain.

Aquellos a favor de las cadenas privadas dicen que el término "blockchain" debería aplicarse a toda estructura de dato que crea lotes de datos etiquetados con marcas de tiempo ya que las blockchains son una versión distribuida del Control de Concurrencia mediante versiones múltiples (o MVCC, por sus siglas en inglés). El MVCC no permite que dos transacciones realicen cambios concurrentes a un objeto en una base de datos y, de la misma forma, la tecnología blockchain tampoco permite que dos transacciones realicen el mismo gasto dentro de una blockchain.

Mientras tanto, quienes se oponen aseguran que una blockchain basada en permisos de acceso es muy parecida a una base de datos tradicional, y no tiene soporte alguno para la verificación descentralizada de datos. Estos sistemas no son seguros ante la manipulación de datos y tampoco ante la posible corrección de datos por parte de sus operadores. Según la revista Harvard Business Review, una blockchain es un "libro mayor o base de datos distribuido que está disponible para cualquier persona", por su parte, Computerworld dice que todo el entusiasmo alrededor de blockchain no es nada más que "farsas y patrañas".

## Aplicaciones

La tecnología blockchain, que será discutida en otro capítulo con más detalle, puede integrarse a múltiples áreas, incluyendo las monedas digitales, sistemas de pago, facilidad para la ejecución de *crowdsales* (ventas previas al público), implementación de mercados de pronóstico, y herramientas genéricas para gobernabilidad. Las aplicaciones de blockchain más conocidas son:

### Criptomonedas:

- Bitcoin
- Ripple
- BlackCoin
- Nxt
- Dash

### Plataformas de Blockchain:

- Factom – sistema de almacenamiento descentralizado

- MaidSafe – red autónoma de datos
- Gems – protocolo para la subcontratación masiva
- Storj – sistema de almacenamiento en la nube
- Tezos – sistema de votación descentralizado

## Aplicaciones

Según un proyecto de investigación llevado a cabo hace más de 2 años por Harvard Business Review, la tecnología blockchain puede ser utilizada para almacenar y alojar, en un entorno seguro, lo siguiente:

- Dinero
- Certificados
- Títulos de propiedad
- Música
- Arte
- Propiedad intelectual
- Descubrimientos científicos
- Votos

# Capítulo 2:
# Conociendo la Tecnología Blockchain

No existe duda alguna de que el centro de atención sobre la primer criptomoneda (Bitcoin) se ha estado moviendo rápidamente hacia aplicaciones basadas en criptomonedas y creadas partiendo del concepto blockchain. La tecnología detrás de la blockchain es básicamente la misma que se encuentra en una base de datos, pero con una excepción: la forma en la que interactuamos con ellas es diferente.

Para un desarrollador, el concepto de blockchain es un cambio radical a la forma en la cual las aplicaciones serán desarrolladas en el futuro. Es un concepto clave que debe comprenderse a profundidad, junto a 4 de los otros 5 conceptos principales. También necesitamos entender cómo los conceptos se relacionan en el contexto de la tecnología blockchain. Estos conceptos principales son:

1. La blockchain misma

2. El consenso descentralizado

3. Computación confiable (*trusted computing*)

4. Contratos inteligentes

5. Prueba de trabajo (*proof-of-work*)

Este paradigma es muy importante porque es el impulso detrás de la creación de la aplicación descentralizada (DApp), la cual es el próximo paso a la evolución en la estructura de la computación distribuida.

Pero esto no es solo una ventaja en la computación. Las aplicaciones que han sido descentralizadas podrán crear una tendencia de descentralización en 4 niveles importantes: financiero, gubernamental, legal y social. La razón de esto es la gran competencia por instalar un mecanismo descentralizado en todas las plataformas posibles y dejar todo el poder en manos de las redes. Estudiemos cada uno de estos conceptos en detalle:

1. **La Blockchain y los Servicios basados en Blockchain**

   Una blockchain es una estructura de datos donde los mismos se almacenan de una forma semipública en un bloque. Cualquier persona puede ver quién verificó el bloque ya que este tendrá una firma, pero sólo quien firme o algún programa específico podrá desbloquear los datos que están dentro del bloque. Esto se debe a que solo el dueño de los datos tiene la llave privada para desbloquear el bloque.

   Por lo que un blockchain es muy parecido a una base de datos con la excepción de que la cabecera, o parte de la información almacenada, es pública. Los datos almacenados pueden ser el saldo de alguna criptomoneda o un token con algún valor. Básicamente, la blockchain es un sistema alternativo para transferir bienes, uno que no puede ser alterado por intermediarios malintencionados ni visto por agencias centralizadas. El cifrado está basado en llaves públicas y privadas (con visibilidad pública pero solo para una inspección privada). La dirección de tu hogar podría ser anunciada públicamente, pero no daría información alguna sobre cómo entrar a tu hogar o lo que hay dentro de ella. Eso sólo puede ser hacerse por medio de la llave privada, y como esa dirección te pertenece, nadie más puede ser su propietario.

La blockchain también es una especie de software que une a múltiples computadores en una misma plataforma, las cuales operan bajo un conceso general para liberar información o para almacenar la información obtenida, y también es a través de ellas que se verifica criptográficamente cualquier interacción.

## 2. **El Consenso Descentralizado**

Con esto se rompe el modelo existente del consenso centralizado; por ejemplo, cuando una base de datos central se encargaba de validar las transacciones. Los esquemas descentralizados, en los cuales se basa la blockchain, transfieren la autoridad y confianza a una red virtual que ha sido descentralizada, permitiendo así que los nodos registren todas las transacciones, continua y secuencialmente, por medio de bloques públicos, creando así la cadena. Cada bloque contiene una huella digital, o un *hash* (resumen criptográfico), del bloque anterior. La criptografía es usada como una forma de asegurar la autenticación de cada fuente con el uso de estos *hashes*, lo cual elimina el requerimiento o la necesidad de algún intermediario centralizado. La combinación de la tecnología blockchain y la criptografía asegura que no una sola transacción no pueda registrarse dos veces.

Hay un factor importante en esta disociación de actividades: la lógica del consenso es separada de la aplicación, lo cual significa que la aplicación puede ser específicamente creada para ejecutarse con un sistema descentralizado. Esta es la chispa necesaria para encender el motor de una serie de innovaciones para cambiar el sistema dentro de la arquitectura de software en aplicaciones, estén relacionadas con dinero o no.

3. **Computación Confiable (*Trusted Computing*)**

O, como algunos las han llamado, transacciones sin terceros. Cuando unes los conceptos detrás de blockchain (los contratos inteligentes y el consenso descentralizado) comienzas a notar que realmente ayudan a distribuir las transacciones y recursos en conjunto con el *peer-to-peer* (red de pares) y, al hacerlo, también permiten que una computadora confíe en otra en un nivel más profundo.

Si bien las organizaciones e instituciones centralizadas son vistas como necesarias al ser autoridades confiables, algunas de las funciones centralizadas pueden ser codificadas en un contrato inteligente que este bajo el gobierno del consenso descentralizado de una blockchain.

Debido a que la blockchain tiene el rol de validar y confirmar transacciones, cada equipo puede confiar en el otro, ya que pertenecer a la blockchain implica:

- Confianza

- Obediencia

- Gobierno

- Autoridad

- Contratos

- Ley

- Acuerdos

En un futuro no muy lejano, la propiedad inteligente y los contratos inteligentes serán generados automáticamente y ejecutados entre ambos partes involucradas, sin que ninguno esté al tanto de que la blockchain participó en el proceso como su tercero de confianza.

4. **Contratos Inteligentes**

Estos son la base para la aplicación descentralizada. Los contratos inteligentes son como pequeños programas a los cuales puedes darles un valor, ya sea dinero o algún token, junto a las reglas que gobiernan dicho valor. La idea del contrato inteligente es que cualquier forma de gobierno contractual entre al menos dos partes involucradas por cada transacción, pueda ser verificada utilizando la plataforma de blockchain. La participación de una agencia centralizada no es necesaria cuando ambas partes pueden llegar a un acuerdo entre ellas, y cuando pueden establecer los términos y condiciones del acuerdo directamente en el programa. Esos términos incluyen el cumplimiento de los servicios en orden y multas si no se cumple con la transacción.

Cuando empleas un contrato inteligente, se asume que no es necesario tener un intermediario que realice transacciones entre dos o más partes. En su lugar, las partes llegarán a un acuerdo entre ellos para definir las reglas y asegurar que sean integradas a la transacción. Esto significa que la resolución de extremo a extremo se administra por sí sola entre los computadores, representando los intereses de cada usuario. Una propiedad inteligente es un bien digital cuyo propietario es reconocido es definido de inmediato y esta titularidad, por lo general, está vinculada a la blockchain.

5. **Prueba de Trabajo (*proof-of-work*)**

Este concepto radica del núcleo de operaciones en una blockchain. La prueba de trabajo fue una parte importante del rol original del blockchain como autenticador de transacciones. La prueba de trabajo es lo que permite tener el derecho a formar parte del blockchain, y es vista como la característica que impide a los usuarios realizar cambios en los registros almacenados dentro de la cadena sin proporcionar una nueva prueba de trabajo.

Es uno de los pilares de la estructura blockchain simplemente porque nunca puede ser revertido y está asegurado criptográficamente con el uso de hashes que son empleados para demostrar su autenticidad. Sin embargo, es un concepto muy costoso de mantener, con un costo estimado de 600 millones de dólares al año solo para la plataforma Bitcoin; y esto significa que en el futuro podrían presentarse problemas de seguridad y adaptabilidad. La razón de esto es porque la prueba de trabajo depende completamente de los incentivos para los mineros, y sin ellos, la minería dejaría de practicarse con el transcurso del tiempo. Una alternativa para este problema se conoce como "prueba de participación" (*proof-of-stake*), la cual es más económica de ejecutar, pero mucho más costosa y difícil de llevar a cabo. Este concepto determinará quién puede actualizar el consenso de la red y prevenir que la blockchain subyacente sea bifurcada.

## Camino hacia la Descentralización

En el futuro cercano, habrá una necesidad por aplicaciones descentralizadas (DApps) que nos permitan alcanzar el nuevo mundo descentralizado al que nos dirigimos. Por ello, tanto visionarios como líderes de negocio tendrán que aprender un vocabulario nuevo basado en estructuras criptográficas. Los desarrolladores tendrán que aprender a programar estas aplicaciones descentralizadas que serán habilitadas por la tecnología blockchain. Y el usuario final deberá aprender todo sobre los contratos inteligentes, cómo crearlos y cómo usarlos. Los ambientes de desarrollo deberán ser completos y necesitarán un gran rango de capacidades y componentes en los servicios de la blockchain y en el motor del consenso.

La tecnología blockchain para el Bitcoin tuvo algunas limitaciones que fueron descubiertas cuando se comenzó a utilizar en aplicaciones software en lugar de solo servicios financieros. Hay una gran posibilidad de que, considerando cómo muchas blockchains continúan progresando y algunas de ellas trabajarán en conjunto, muchos compitan entre sí por alcanzar el éxito en la blockchain, mientras otros serán más generosos con sus avances.

Estas aplicaciones descentralizadas serán de diferentes tamaños, gustos y de un amplio rango de niveles de complejidad, así que debemos estar preparados para toda la variedad. Debemos poder ver más allá de lo que el Bitcoin prometió y estudiar directamente lo que la blockchain promete convertirse: un nuevo entorno de desarrollo; de la misma forma que sucedió en 1996, cuando el desarrollo web se convirtió en ese tipo de entorno revolucionario.

Dicho esto, las aplicaciones descentralizadas no pueden ser utilizadas para todo y encontraremos que algunas cosas simplemente no se adaptarán al paradigma de la aplicación descentralizada. Existen numerosas aplicaciones que sí se adaptarán, y eso nos da muchas oportunidades, con las cuales los visionarios, creadores y desarrolladores pueden tomar ventaja. Por ahora, nos referiremos a estas como aplicaciones blockchain.

**Segmentos de Aplicaciones Blockchain Emergentes**

Hay cuatro segmentos en donde estas aplicaciones tendrán más prominencia, y explicaré cada una de ellos a continuación:

- Moneda
- Servicios Vinculados (Pegged Services)
- Contratos Inteligentes
- Organizaciones Autónomas Descentralizadas

## Moneda

Este segmento está enfocado en pagos, transferencias monetarias, propinas y financiamiento de aplicaciones. Los consumidores utilizarán algún tipo de cambio o su propio monedero para este tipo de transacciones, y aprovecharán los beneficios de tarifas más bajas en sus transacciones, llegar a un acuerdo rápido, y sin necesidad de acudir a una agencia centralizada. En la actualidad, las páginas de cambio son centralizadas, pero es probable que pronto se cree una nueva generación de servicios de cambio confiables que sean descentralizados. Aunque los monederos utilizados para Bitcoin son vistos como algo "tonto", los próximos monederos serán más inteligentes, con la habilidad de crear sus propios contratos inteligentes.

## Servicios Vinculados (Pegged Services)

Este es un segmento interesante. Los servicios que están vinculados a la blockchain son capaces de utilizar la unidad atómica en la cadena. Esta es una utilidad con la cual el servicio vinculado no solo almacena valores, sino que también puede utilizar esas herramientas fuera de la cadena. Un ejemplo de esto es la propiedad o agencia descentralizada, la cual es un servicio del mercado horizontal, capaz de aplicarse a cualquier servicio del mercado vertical, como la fotografía, música, videos u otros.

## Contratos Inteligentes

Ya conocemos lo que es un contrato inteligente pero, en cuanto a este segmento, los contratos representan un formulario simple de descentralización. Se espera que estos estén completamente disponibles en diferentes áreas de aplicación, por ejemplo, herencias familiares, apuestas, marcas de tiempo, depósitos, pruebas de trabajo, etc. En resumen, su función radica en el movimiento de dinero o bienes entre propietarios, basado en una condición o evento. Son la representación de un "estado intermedio" entre dos o más partes, quienes confían en que el contrato verifique los datos y tome acciones lógicas de acuerdo a los cambios de estado.

## Organizaciones Autónomas Descentralizadas

Dejando asuntos legales a un lado, estas ya están incorporadas de cierta manera en la blockchain. Esto es porque el gobierno de estas organizaciones depende del usuario final. El usuario final es usuario, dueño y nodo en la plataforma descentralizada. La parte clave de una Organización Autónoma Descentralizada (DAO, por sus siglas en inglés) es que cada usuario es un trabajador y por ello, realizan algún tipo de contribución que afecta el valor de la DAO, a través de su actividad o participación.

## Ejemplos de Uso en los Segmentos

- **Monedas:** los usuarios del protocolo son procesadores de pago, monederos, mineros y servicios de cambio. Su frecuencia es irregular y sus beneficios son el costo y velocidad.

- **Servicios Vinculados (Pegged Services):** los usuarios del protocolo son negocios web y su frecuencia es persistente. Sus beneficios son la flexibilidad, empoderamiento de los usuarios, transparencia, efectos en la red y nuevos modelos de negocio.

- **Contratos Inteligentes:** los usuarios del protocolo son aplicaciones web, contratos de prestación de servicio, usuarios finales como herramientas de auto-servicio. Su frecuencia es puntual y sus beneficios son el costo, autonomía, velocidad y transparencia.

- **Organizaciones Autónomas Descentralizadas:** los usuarios del protocolo son la DAO en sí, cuya frecuencia es habitual. Sus beneficios incluyen voz (opinión) del usuario, protección al usuario, gobierno dependiente de usuarios, soberanía, auto-regulación y transparencia.

Probablemente existen más segmentos que las categorías antes mencionadas, pero estos son los más importantes y sus ejemplos son solo una demostración de sus aplicaciones. Sin embargo, para cada uno de estos segmentos, los usuarios deberían preguntarse estas dos preguntas: "¿Cuál es el beneficio?", y "¿Existe una buena razón por la cual debería participar?". El proveedor de aplicaciones blockchain debería enfocarse en responder estas preguntas de la forma más clara y convincente posible. El usuario final o consumidor será quien ponga en marcha el motor de la aplicación para su éxito y, de alcanzarlo, será de suma importancia evaluar el potencial de los efectos de la plataforma en las aplicaciones blockchain.

# Parte 2:
# Usos Potenciales para la Tecnología Blockchain

# Capítulo 3:
# La Industria Bancaria

Hay una variedad de usos potenciales para la tecnología blockchain, entre estos se pueden mencionar:

- **Descentralización de la Tecnología**

  Los bancos e instituciones financieras han invertido activamente tanto su dinero como su tiempo en esta área. A continuación, conoceremos algunas de estas instituciones que han demostrado un interés genuino en la blockchain:

- **El Banco Alemán (Deutsche Bank)**

  El Banco Alemán ha estado investigando profundamente los casos donde se puede aplicar blockchain para acuerdos con dinero fiduciario, pagos, imposiciones, registros de bienes, contratos derivados, procesos para conocer al cliente (KYC, en inglés), mejoras a los servicios de proceso de post-pago, reportes de regulación, etc. También ha llevado a cabo varios experimentos con esta tecnología en los laboratorios de innovación ubicados en Silicon Valley, Berlín, y Londres.

- **NASDAQ**

  La bolsa NASDAQ reveló recientemente que utilizarán blockchain como una tecnología de negocio para mejorar su calificación en la Plataforma del Mercado Privado. Esta es una nueva iniciativa que comenzó en el 2014, y permite hacer intercambios entre empresas privadas antes del OPV (Oferta de Venta Pública). Esta bolsa también ha revelado que utilizarán la influencia del protocolo *Open Assests* para crear su propia plataforma privada. Luego anunciaron que comenzaron una asociación con una infraestructura del blockchain llamada Chain, un proveedor para instituciones financieras y usuarios de negocio.

- **Banco DBS**

El Banco DBS fue responsable de organizar e iniciar una blockchain hackathon. Lo realizaron en cooperación con Coin Republic, una compañía basada en Bitcoin con sede en Singapur. Las APIs para el hackathon, el cual duró dos días, fueron proporcionadas por Blockstrap, BitX y Colu, y el ganador fue una plataforma de inversiones para mercados emergentes, llamada Omnichain. Nubank, un proveedor de "banco para aquellos sin banco" obtuvo el segundo lugar, y BlockIntel, una plataforma de seguridad para transacciones quedó en tercer lugar.

- **Asociación Bancaria Europea**

La Asociación Bancaria Europea publicó un reporte en el 2015 en el cual se discutió el impacto de utilizar la tecnología criptográfica desde la perspectiva de proceso de pago profesional y transacciones bancarias en los siguientes tres años. El reporte afirmó que la tecnología podría ser utilizada por los bancos para reducir costos de auditoría y gobierno, para proporcionar un mejor *"time-to-market"* (tiempo de producción y lanzamiento), además de productos y servicios de mejor calidad.

- **Reserva Federal de Estados Unidos**

  La Reserva Federal de Estados Unidos reportó que está trabajando con IBM en el desarrollo de un nuevo sistema de pagos digital basado en la tecnología blockchain.

- **SCB (Standard Chartered Bank)**

  Según una publicación hecha en LinkedIn, por el jefe de innovación del Standard Chartered Bank, Anju Patwardhan, las blockchains podrían utilizarse para reducir costos y mejorar la transparencia en todas las transacciones financieras.

  Además de esto, también existen reportes de que el Grupo CME y Deutsche Börse, ambas empresas derivadas del SCB, al igual que las cámaras de compensación EuroCPP y DTCC están trabajando en proyectos que involucran la tecnología blockchain, al igual que otras áreas. También se ha hablado sobre el posible uso de la tecnología Ripple en Western Union.

  Los bancos a continuación están probando nuevos sistemas empleando la tecnología blockchain:

- **Banco Fidor**

  Este banco está en asociación con Bitcoin.de, una plataforma peer-to-peer alemana para el intercambio de Bitcoins (BTC), y con Kraken para crear una bolsa de cambio de monedas digitales dentro de la Unión Europea. También están en asociación con Ripple Labs para proporcionar servicios de transferencia de dinero.

- **LHV Bank**

  Este banco reportó en el 2014 que comenzó a trabajar con la tecnología blockchain, y desde entonces, han desarrollado una aplicación llamada Cuber Wallet, basada en monedas coloreadas (*colored coins*). También está en asociación con Coinfloor y Coinbase para experimentar con seguridad digital basada en blockchain.

- **Banco CBW y Banco Cross River**

  Ambos bancos están en asociación con Ripple Labs para crear un sistema de manejo de riesgos y brindar servicios de remesa a un costo más bajo.

- **Rabobank, Banco ING y ABN Amro**

  Actualmente, estos están explorando el uso de la tecnología blockchain en múltiples servicios. Rabobank también está en asociación con Ripple Labs.

- **Goldman Sachs**

  El grupo Goldman Sachs fue el principal inversor de Circle Internet Financial Ltd, una empresa emergente de Bitcoins que requería un financiamiento inicial de 50 millones de dólares.

- **BBVA Ventures**

  El BBVA ha invertido en Coinbase y también ha reportado que tiene mucho interés en el uso de la tecnología blockchain.

- **Santander**

  Santander asegura que hay por lo menos 20 a 25 casos donde podrían emplear la tecnología blockchain y ha establecido un equipo dedicado llamado Crypto 2.0, para investigar cómo las blockchains pueden utilizarse en la industria bancaria.

- **Westpac**

  Westpac está en asociación con Ripple Labs para crear un sistema de bajo costo de pagos internacionales. Su emprendimiento principal, llamado Reinventure, formó parte de la Serie C en las rondas de inversión para Coinbase.

- **UBS**

  UBS tiene un laboratorio de investigación de criptomonedas en Londres, y actualmente está llevando a cabo experimentos en intercambios y acuerdos, pagos y bonos inteligentes (*smart bonds*). UBS tiene un plan para crear un producto llamado "moneda para acuerdos de utilidad" (*utility settlement coin*) en asociación con Clearmatic, el cual también asegura que existen entre 20 y 25 usos financieros para la blockchain.

- **BNY Mellon**

  BNY ha creado BK Coins, su propia moneda, y la usa como un programa de reconocimiento en la empresa. Las monedas pueden canjearse por regalos o recompensas.

- **Banco Barclays**

  El Banco Barclays tiene 2 laboratorios de investigación para Bitcoins en Londres, utilizados por un gran número de emprendedores, negocios y programadores de blockchain. También han comenzado una asociación con Safello y están en el proceso de desarrollar diferentes servicios bancarios basados en la tecnología blockchain. Imparten cursos para orientar a los entusiastas de esta tecnología y ofrecer una oportunidad de trabajar en proyectos específicos con el banco. Barclays también asegura tener 45 proyectos diferentes basados en la tecnología blockchain, en los cuales desean trabajar internamente.

- **CBA (Commonwealth Bank of Australia)**

  Está en asociación con Ripple Labs para crear un sistema de contabilidad para pagos de acuerdos entre sus subsidiarios, basado en tecnología blockchain.

- **USAA (United States Automobile Asociation)**

  Este grupo ha creado su propio equipo de investigación para estudiar los usos posibles del Bitcoin.

- **Banco de Australia y Nueva Zelanda**

  Este banco está en asociación con Ripple Labs para experimentar con los usos del blockchain.

- **BNP Paribas**

  En la actualidad, este banco está llevando a cabo experimentos sobre cómo utilizar el blockchain para mejorar la velocidad de las transacciones.

- **Société Générale**

  Esta empresa planea contratar personal con experiencia en la blockchain, BTC y criptomonedas.

- **Citibank**

  Citibank ha establecido tres sistemas para el desarrollo utilizando tecnología blockchain y también ha creado su propia criptomoneda, llamada Citicoin. Esta criptomoneda está siendo utilizada por Citibank para estudiar cómo funcionan los sistemas de cambio de moneda digital.

# Capítulo 4:
# Ejemplos de Blockchains
# Públicas y Privadas

## Blockchains Públicas

Las blockchains públicas son plataformas en las que cualquier persona puede leer o escribir, aunque deben ser capaces de proporcionar alguna prueba de trabajo. Esta área ha visto un alto crecimiento de actividad, ya que el número de usuarios potenciales que la tecnología blockchain puede atraer es alto. Además, la blockchain pública es considerada como una blockchain descentralizada. Algunos ejemplos son:

- **Ethereum** – plataforma descentralizada que proporciona un lenguaje de programación para facilitar contratos de empresas emergentes y permite a los desarrolladores distribuir sus aplicaciones.

- **Factom** – protocolo que permite almacenar registros inalterables en tiempo real para administración gubernamental y de negocios.

- **Blockstream** – empresa enfocada en el desarrollo de aplicaciones Bitcoin. Esta empresa ha comenzado a experimentar con la tecnología de la blockchain pública para contabilidad, lo cual se consideraba posible solo a través de la blockchain privada.

## Blockchains Privadas

Las blockchains privadas son aquellas que solo permiten a su propietario aplicar los cambios que sean necesarios. Esto es similar a la infraestructura existente, en la cual el propietario, que en este caso sería alguna agencia o autoridad centralizada, tiene la capacidad de revertir transacciones, cambiar reglas, etc., basado en sus necesidades. Este concepto es importante y podría ser de gran interés para instituciones financieras y grandes empresas y, en teoría, podría generar casos de uso para software privativo, disminuir costos e incrementar la eficiencia. Algunos ejemplos son:

- **Eris (Eris Industries)** – enfocadas en ser el principal proveedor de bases de datos para software libre, utilizando la tecnología blockchain.

- **Blockstack -** red cuyo objetivo es convertirse en la parte administrativa de operaciones para instituciones financieras, incluyendo acuerdos y transparencia en blockchains privadas

- **Multichain** – plataforma de código abierto para proporcionar bases de datos distribuidas para transacciones financieras.

- **Chain Inc.** – empresa proveedora de APIs. Está asociada con NASDAQ OMX Group Inc. y proporciona plataformas que permiten intercambiar acciones de negocios privados, utilizando la blockchain.

## Blockchain Híbrida

¿Existe tal cosa? Un consorcio blockchain sería una combinación entre una blockchain pública y una blockchain privada. Esto significa que múltiples nodos o personas tendría la capacidad de leer y escribir en la cadena, lo cual podría utilizarse por empresas que trabajen en conjunto y colaboren en el desarrollo de diferentes modelos. De esta manera, podrían construir una blockchain con acceso restringido en la cual podrían trabajar conjuntamente para encontrar soluciones y poder mantener sus derechos de propiedad intelectual dentro del consorcio.

# Capítulo 5:
# Servicios Financieros – La Innovación de la Blockchain

Desde el internet, nunca antes se había visto algo tan innovador y asombroso como lo es la blockchain. La tecnología detrás de la blockchain permite a cada persona realizar transacciones desde el anonimato, pero conservando su transparencia. No existe ningún intermediario entre la persona que realiza la transacción y la persona que la recibe, y el proceso entero es más fácil y económico. Podemos aplicar el concepto de blockchain al mundo digital que implica cualquier tipo de transacción o intercambio seguro, y esto no solo se aplica al Bitcoin. Hay un gran número de empresas y modelos de negocio que están apareciendo, basados completamente en la tecnología blockchain, y los siguientes capítulos mencionarán algunos de estos.

Como ya sabrás, una red blockchain está compuesta por servidores distribuidos, o nodos. Cada nodo comparte información sobre la transacción. Todo esto puede sonar muy confuso, pero, de hecho, los impresionantes modelos de negocio basados en esta tecnología son mucho más fáciles de estudiar.

Hasta el momento has notado que el libro mayor es un registro de transacciones que no se pueden eliminar. Toda la red de computadores alrededor del mundo que utiliza un software basado en blockchain, se encarga del mantenimiento y rendimiento de toda esta plataforma. Normalmente, un nuevo lote de transacciones aceptadas se genera cada 10 minutos (6 veces por hora), y esto es lo que conocemos como bloque. Este bloque es luego añadido a la cadena y propagado hacia todos los nodos, permitiendo que el software de la blockchain decida cuándo se ha ejecutado una transacción específica.

Esta es la característica principal de esta tecnología que se ha ganado mucha popularidad entre los desarrolladores, bancos y emprendedores. Junto al Banco Santander, el cual ya está investigando la utilidad de estos libros mayores distribuidos y la tecnología blockchain en bancos, tanto J.P. Morgan como Citibank también han mostrado mucho interés en emplear esta tecnología.

Muchas empresas emergentes también están comenzado en base a esta tecnología, por lo cual, empresas con capital de riesgo como KPCB (Kleiner, Perkins, Caufield y Byers) están comenzando mostrar interés en este modelo. Empresas emergentes como Coinmetric están realizando investigaciones y han acumulados datos cualitativos y cuantitativos sobre el comportamiento de las blockchains, mientras que otras empresas como BTCJam, habilitaron préstamos basados en Bitcoins. Otras que ya han sido creadas para este tipo de tecnología son BitPay, BlockCypher, y BitPagos. Una de las nuevas empresas más interesantes es Chain, cuyo propósito es ayudar a otros negocios a crear productos financieros basados en tecnología blockchain, utilizando su propia API Bitcoin. NASDAQ seleccionó a esta empresa para realizar una prueba piloto al Mercado Privado de NASDAQ utilizando la tecnología blockchain.

## Algunas Iniciativas y Casos de Uso

Es muy evidente que las instituciones financieras tienen un gran interés en la tecnología blockchain. El Banco Santander, mencionado anteriormente, ya ha encontrado de 20 a 25 usos diferentes y estiman que los bancos que utilicen la tecnología blockchain puedan reducir sus costos en infraestructura por aproximadamente 20 mil millones de dólares al año. UBS y Goldman Sachs también han preparado laboratorios de investigación de tecnología blockchain y los usos para sus bancos.

En la actualidad, puede parecer que la industria financiera es el centro de la tecnología blockchain, pero de hecho, sus usos no-financieros ya están siendo evaluados en todo el mundo. Más de 50 empresas emergentes diferentes han surgido en el ámbito no-financiero y Blockchain Capital, conocida anteriormente como Crypto Currency Partners, ha recaudado más de 7 millones de dólares para un fondo de inversiones (este es su segundo fondo) para proyectos relacionados con Bitcoin y la tecnología blockchain para fines no-financieros.

Hoy en día, las nuevas empresas en este sector están enfocadas principalmente en el Internet de las cosas (*Internet of Things*, o IoT), mantenimiento de activos, registro de intercambios y administración de identidades; y será interesante ver cómo diferentes gobiernos del mundo adoptan casos de uso para modernizar sus procesos y los del sector público.

# Capítulo 6:
# Usos de la Blockchain –
# Financieros y No-Financieros

Los casos de uso de la tecnología blockchain son más numerosos cada día. Por tal razón, hay una gran variedad de formas en las cuales podemos conectar activos del mundo real a la blockchain e intercambiarlos digitalmente. Pruebas de concepto han sido ejecutadas en algunos tipos de mercancía a gran escala, como barras de oro, diamante y plata, luego de ser autenticadas a través de la blockchain. Además de estos usos, también puede usarse para sistemas de votación, registros de títulos de propiedad, etc.

Aparte de las empresas emergentes, las instituciones financieras (como los bancos) han estado invirtiendo en el modelo de sistema descentralizado y muchos están experimentando activamente y estudiando cómo la tecnología blockchain puede ser utilizada. A continuación veremos las aplicaciones financieras y no-financieras que algunas empresas han puesto a prueba actualmente con el uso de la tecnología blockchain:

- **Desarrollo de aplicaciones** – verificación de derechos de propiedad de módulos en el desarrollo de aplicaciones

- **Contenido Digital** – verificación de derechos de propiedad para el envío y almacenamiento de contenido digital

- **Vehículo compartido** – transferencia de valor basado en puntos para vehículos compartidos

- **Intercambio de bienes digitales** – Derechos de propiedad/Transferencia de propiedad

- **Digitalización de Documentos y Contratos** – en caso de transferencias, esta digitalización incluye alguna verificación de derechos de propiedad

- **Almacenamiento Descentralizado** – almacenamiento utilizando una red de computadores conectada a una blockchain

- **Constitución de Empresas** – digitalización de constitución de empresas y transferencia de derechos de propiedad y acciones

- **Descentralización del Internet y Recursos del Sistema** – Esto incluye tanto sistemas de negocio como sistemas para el hogar

- **Automatización del Hogar** – una plataforma que conecta la red del hogar con dispositivos conectados a la nube

- **Identidad Digital** – Distribución de identidades digitales para proteger la privacidad del consumidor

- **Servicios de Depósito y Custodia de bienes** – estos servicios son específicos a la industria de juegos en línea, el comercio electrónico y servicios de carga

- **Portales Informáticos** – Contratos inteligentes para asegurar el cumplimiento de órdenes en las áreas de manufactura y comercio electrónico

- **Historiales clínicos** – servicios descentralizados para el manejo de historiales clínicos

- **Digitalización de Bienes** – servicios que mejoran las medidas para combatir la falsificación

- **Manejo de Reputación** – servicios para ayudar a los usuarios a manejar su reputación y recopilar feedback

- **Plataformas de análisis predictivo** – plataforma descentralizada para el análisis predictivo de mercados

- **Autenticidad en Evaluaciones de Desempeño** – servicios que utilizan la aprobación de entidades confiables para evaluar el desempeño de los empleados

- **Venta y Adquisición de Bienes Digitales** – un mercado para la venta y adquisición de bienes digitales y sus pruebas de propiedad

# Capítulo 7:
# El Papel de la Tecnología Blockchain en el futuro de los Mercados Capitales

La tecnología blockchain ha llamado mucho la atención, particularmente en el mundo de los negocios. Muchos bancos, inversores de riesgo, y otras instituciones financieras están investigando cómo la tecnología blockchain puede utilizarse para almacenar datos y para otros usos financieros. Uno de estos tipos de industrias financieras son los mercados capitales y es en ellos dónde los expertos en el área han mostrado entusiasmo y optimismo por emplear la tecnología blockchain para resolver varios problemas.

## Movimiento de Activos

Para mover activos de una institución financiera a otra, el saldo del libro mayor también debe moverse. Este no es un trabajo fácil e involucra el uso de varios intermediarios. Mientras más estén involucrados, se necesitará más comunicación entre los mismos, por lo cual el libro mayor deberá actualizarse con más frecuencia. En un intercambio cualquiera existen varios intermediarios, incluyendo entidades de contraparte central (CCP, en inglés), bolsas, depositarios centrales de valores, custodios, agentes de bolsa y administradores de inversiones. Para obtener una correcta contabilización y que la transacción se complete exitosamente, todos los intermediarios involucrados deben asegurarse de que su libro mayor se encuentre actualizado en base a la comunicación durante el proceso.

Básicamente, esto significa que cuando se lleve a cabo una transacción, se necesita mucha más comunicación en el proceso, lo cual genera retrasos e incrementará el costo. Ocasionalmente, para que una transacción sea completada y se realice correctamente cada actualización del libro mayor, los intermediarios pueden necesitar llenar más libros mayores, donde se registre información como préstamos de valores, ajustes financieros o gestión de efectivo. Todo esto causa más retrasos en la transacción y es comúnmente conocido en términos de mercado de capitales como período de liquidación.

Entonces, ¿cómo puede ayudar la tecnología blockchain? La creación de un libro mayor compartido que procese las transacciones realizadas mediante varios intermediarios es la mejor alternativa para la industria de los mercados capitales, y ayudará a reducir tanto el tiempo como los costos de cada transacción. El uso de la tecnología blockchain también facilitará la transferencia de bienes en tiempo real.

Las industrias financieras pueden utilizar la tecnología blockchain para crear libros mayores compartidos que puedan administrarse fácilmente por nodos de procesamiento confiables. Mediante el uso de firmas digitales, los intermediarios podrán actualizar los libros mayores para completar transacciones de negocio. Los libros mayores compartidos deberán tener algún tipo de cifrado para garantizar la confidencialidad de los datos. Los procesos clave involucrados en la ejecución de negocio, como la compraventa, permisos de acceso, acuerdos y liquidación, pueden ser fácilmente rediseñados y simplificados con el uso de la blockchain.

## Incorporación y Mantenimiento

El mantenimiento de cuentas y la incorporación de clientes es la siguiente área del mercado capital donde probablemente se utilice la tecnología blockchain. Los costos del proceso "Conoce a tu cliente" (*Know Your Customer*, KYC), son increíblemente altos y muchos negocios buscan reducirlos. Si tuvieran un sistema creado en la blockchain que almacene y facilite datos de este proceso, podrían lograr reducir estos costos y una buena parte del tiempo que involucra el KYC. Ya existe un gran número de empresas emergentes relacionadas con la tecnología blockchain que están enfocadas en mejorar el manejo de identidades y se espera que este número crezca en los próximos años.

## ¿Y Cómo Pueden Ayudar con los Pagos?

Los pagos son un segmento del mercado donde se espera ver un crecimiento sustancioso del uso de la tecnología blockchain durante los siguientes años. La tecnología blockchain puede utilizarse para personalizar reglas de negocios en el procesamiento de transacciones, así como para facilitar la creación particular de este tipo de reglas en negocios específicos. Todo esto se basará en las necesidades de organizaciones específicas y la tecnología utilizada sería software de código abierto, permitiendo su uso y modificación para cualquier negocio, ajustándose a sus necesidades.

Las áreas en las que veremos los más grandes beneficios del uso de la tecnología blockchain son la negociación de bonos y los mercados *over-the-counter* (extra-bursátiles). Esta tecnología proporcionará a los negocios un modelo seguro para los acuerdos, que funcione en tiempo real, económico, global y descentralizado. En pocas palabras, realmente es cuestión de poco tiempo para que la blockchain comience a cumplir un gran papel en los mercados capitales.

Euroclear, una empresa de servicios financieros con sede en Bélgica, explicó cómo la tecnología blockchain puede ayudar en el sector de los mercados capitales. En resumen, ellos aseguran que los registros de valores serían puestos en una tarifa plana, lo cual significa que habría "múltiples niveles de beneficio para la propiedad" contenidos en cada libro mayor. No habría necesidad para la normalización de los datos entre sistemas internos, ni acuerdos en cuanto a declaraciones u obligaciones. Habría procesos y servicios estandarizados, datos de referencia que serían compartidos, capacidades para el procesamiento como las conciliaciones bancarias; los datos estarían disponibles en tiempo real y lograría una mejor comprensión mutua del valor de cada homólogo. Para reguladores bancarios y otros participantes privilegiados, los datos serían más transparentes, junto con otras mejoras disponibles para ellos.

## Beneficios para el Mercado Capital

Según Euroclear, el mercado capital podría percibir los siguientes beneficios:

### Antes del Intercambio (Pre-Trade)

- Mejor transparencia sobre los valores

- Mejor validez de los valores

- Menor riesgo de exposición crediticia

- Mutualización de los datos estáticos

- Proceso KYC más fácil

### Durante el Intercambio (Trade)

- Transacciones en tiempo real más seguras

- Acuerdos inmediatos e irrevocables de las transacciones

- Control automatizado del efectivo en la Entrega-contra-Pago (*Delivery-versus-Payment*)

- Reportes automáticos

- Supervisión mejorada y transparente para las autoridades del mercado

- Estándares más altos en AML2

## Después del Intercambio (Post-Trade)

- Las transacciones de efectivo en tiempo real no necesitan liberarse por una central

- El margen requerido es reducido

- Los requisitos de garantía son reducidos

- Uso intercambiable de valores como garantía en la blockchain

- Ejecución automatizada de todos los contratos inteligentes

## Manejo y Custodia de Valores

- Las actas principales van directamente a la blockchain

- Procesos de mantenimiento automatizados

- Eliminación de procesos de mantenimiento duplicados

- Mejor agrupación de datos para los pedidos de contabilidad

- Datos comunes como referencia

- Procesamiento automatizado para el financiamiento de suscripciones y pagos directamente en la blockchain

- Método simplificado para el manejo de fondos

- Método simplificado para la contabilización

- Métodos simplificados para la administración y distribución

## ¿Quiénes son los Primeros Creyentes y los Pioneros de la Tecnología Blockchain?

### En la Plataforma Pública

1. **NASDAQ** – En Diciembre del 2015, NASDAQ declaró que LINQ, su propia plataforma de tecnología blockchain, tuvo éxito en completar y registrar una transacción de valores privados. Esta fue la primera vez que se logró esta meta, gracias a la tecnología blockchain. NASDAQ LINQ es una plataforma digital que utiliza la blockchain para catalogar, emitir y registrar las acciones de empresas privadas en su Mercado Privado. Esta plataforma está diseñada para complementar la herramienta para la administración de capitales basada en la nube, que el Mercado Privado de NASDAQ llamó ExactEquity. Los usuarios de LINQ tendrán acceso al historial completo y un extensivo registro de sus valores y transferencias, proporcionando un proceso de auditoría, control de expedición y transferencia de propiedad.

2. **ASX** – ASX es la bolsa de valores más grande en Australia y ha confirmado que está trabajando en el desarrollo de una blockchain privada en asociación con Digital Asset, una empresa con sede en Estados Unidos, como solución para el post-trade en el mercado de valores en Australia. ASX pagó un total de 14,9 millones de dólares australianos para obtener 5% de

participación de capital en Digital Assets Holdings, y este pago será utilizado para financiar la primera fase de la creación de un libro mayor distribuido.

**En la Plataforma Privada**

1. **Chain.com** – Chain es una empresa emergente de tecnología blockchain que documenta el uso de la tecnología NASDAQ para emitir acciones a inversionistas privados. El emisor de los valores utilizó NASDAQ LINQ para representar, de manera digital, un registro de propiedad. El tiempo de acuerdo se redujo de tal manera que los registros impresos fueron, en definitiva, un proceso redundante. LINQ también permite a los inversionistas y emisores crear documentos de suscripciones y ejecutarlos en línea.

2. **Funderbeam** – esta empresa lanzará en unos meses al mercado la primera plataforma para el intercambio de inversiones, basada en tecnología blockchain. Todo esto mediante una asociación con ChromaWay, un desarrollador de monedas coloreadas. Cada par de sindicatos tendrá un microfondo, y este tendrá inversiones reales en empresas emergentes reales. Por lo que, cuando un miembro del sindicato quiera intercambiar algunas o todas sus inversiones, estará intercambiando inversiones digitales en el microfondo. La blockchain será utilizada para verificar cada transacción antes de ejecutarla y lo mismo ocurrirá cuando un inversionista decida vender una parte o todas sus inversiones digitales. Para cada inversión, el

cambio de propiedad tendrá un rastro auditable distribuido y completamente seguro.

## Los Retos de los Mercados Capitales para adoptar la Tecnología Blockchain

El mercado capital se enfrentará a varios retos que deberá superar si quiere adoptar exitosamente la tecnología blockchain:

1. **Deben existir estándares muy altos para que esta tecnología tenga éxito.** Principalmente por la seguridad, desempeño y fortaleza de las blockchains. También, los sistemas fuera de blockchain, como las plataformas de manejo de riesgo, tendrán que ser integrados en el futuro cercano.

2. **Legislación y Regulaciones deben ser mejoradas.** Para que la tecnología blockchain sea exitosamente integrada a la infraestructura, nuevos principios reguladores deberán ser completamente integrados a la plataforma.

3. **Se necesitará un nuevo Gobierno y Estándares.** En algunos puntos del diseño, se requerirá de un alineamiento estratégico. Algunos de esos puntos consideran si los sistemas en uso son totalmente abiertos, como el sistema Bitcoin, o si utilizan un sistema de acceso basado en permisos; básicamente, los principios que determinan si el sistema es adecuado para interactuar con el libro mayor; si diferentes sistemas son interoperables – los sistemas pueden

utilizar diferentes mecanismos de protección contra errores de programación o protocolos del consenso, y esto puede generar efectos colaterales imposibles de identificar a simple vista .

4. **Manejo Adecuado de Transición para minimizar Riesgo Operacional.** El riesgo operacional es algo serio y debe hacerse todo lo posible para minimizarlo.

## Empresas Blockchain que Actualmente Utilizan Tecnología basada en Libros Mayores Distribuidos

Estas empresas ya han creado sus sistemas basados en tecnología blockchain y los utilizan para mejorar la seguridad en tecnología basada en libros mayores distribuidos:

1. **Third-Key Solutions** – Proporciona servicios de gestión de cifrado y consultoría a empresas que utilizan blockchains distribuidas, monedas digitales distribuidas y tokens.

2. **Chainalysis** – Proporciona productos que permiten a instituciones financieras ubicar las conexiones entre dos o más identidades digitales y crear líneas de confianza entre ellas. Los productos también pueden ayudar a identificar entes maliciosos en el proceso. Chainalysis se dedica a desarrollar herramientas para evitar y detener cualquier abuso en los sistemas, respetando la privacidad de los usuarios.

3. **Tradle** – Utiliza la tecnología blockchain para conectar redes financieras externas e internas para lograr un

proceso KYC portátil y controlado por el usuario. Una estructura móvil de código abierto ha sido combinada con el desarrollo de aplicaciones de negocio y una plataforma de integración, lo cual permite a Tradle desarrollar sofisticadas aplicaciones blockchain full-stack.

4. **Vogogo** – Esta empresa se especializa en proporcionar herramientas de verificación para el procesamiento de pago y manejo de riesgo. Para esto, utilizan una simple JSON REST API.

5. **Elliptic** – Elliptic es la primera empresa en el mundo en asegurar bienes con el uso de la blockchain y ser acreditada por una de las cuatro grandes firmas de auditoría, KPMG. Ofrecen servicios de protección en tiempo real para AML Bitcoin.

6. **Civic** – Civic proporciona servicios de protección para la identidad digital basados en tecnología blockchain. Están enfocados en el robo de identidad de clientes y en reducir el robo de identidad en línea.

7. **Coinalytics** – Esta empresa permite a proyectos determinar, en tiempo real, manejo de riesgo e inteligencia de riesgo con el uso de blockchains y aplicaciones descentralizadas. Estas utilizan metodologías basadas en el reconocimiento de formas y en el aprendizaje en línea, entiempo real, para minar datos simulados con algunas características.

8. **Sig3** – Esta empresa utiliza tecnología multifirma (*multisignature*) para proporcionar barreras extra de seguridad para las transacciones de Bitcoin. En vez de necesitar una firma o llave para realizar la transacción, el usuario podrá establecer un monedero multifirma que requiere de dos a tres llaves antes de poder completar la transacción y difundirla a la red blockchain. Debido a que Sig3 es un co-firmante intermediario automatizado e independiente, puede ser integrado a cualquier monedero multifirma sin afectar la integridad del mismo. Esto garantiza que no ocurran problemas ni fallas.

9. **Blockseer** - Esta empresa tiene como misión crear "una base unificada de transparencia" para el ecosistema público Bitcoin. Al proporcionar transparencia a la blockchain y a todos sus participantes, la empresa se enfoca en minimizar el caos y desorden, e incrementar los niveles de conocimiento y el análisis de la red de la blockchain pública.

10. **CryptoCorp** – Esta es una empresa emergente de seguridad, enfocada enteramente en crear mejoras para la plataforma Bitcoin. La empresa ofrece un servicio llamado Digital Oracle, el cual puede formar parte de cualquier transacción multifirma que se realice desde cualquier monedero Bitcoin.

11. **Blockverify** – Blockverify es una empresa que ofrece un sistema contra la falsificación, basado en tecnología blockchain. El sistema puede utilizarse para objetos

lujosos, farmacéuticos, diamantes y equipos electrónicos, y con el uso de Blockverify, las empresas pueden registrar sus productos y hacer seguimiento a sus propias cadenas de suministros.

# Capítulo 8:
# Aplicaciones de Blockchain más allá del Sector Financiero

El auge de la blockchain no está limitado, de ninguna manera, a la industria de los servicios financieros. Así como los bancos y empresas emergentes de tecnología en el sector financiero, varias empresas del sector no-financiero e industrias están prestando mucha atención a lo que está ocurriendo y están buscando maneras de aprovechar las ventajas de la tecnología utilizada para la creación de los libros mayores distribuidos. En este capítulo conoceremos algunos ejemplos interesantes para la tecnología blockchain en aplicaciones no-financieras.

## Tecnología Blockchain y Productos Básicos

The Real Asset Company permite a las personas de todo el mundo adquirir plata y oro en lingotes, de manera segura y eficiente. Esta empresa cuenta con una plataforma fácil de usar para el inversionista, que utiliza una bóveda global como infraestructura y proporciona a los usuarios una cuenta en línea para la adquisición y posesión de plata, oro, y cualquier otro metal precioso. Goldbloc es la criptomoneda respaldada con oro, y utilizada por la empresa para crear más transparencia y control para el usuario y su inversión en oro. Cada Goldbloc está respaldado por un gramo de oro y la empresa cree completamente que su criptomoneda dará el primer paso en traer de vuelta el oro al sistema monetario.

Uphold es otra plataforma diseñada en base al movimiento, conversión, transacción y posesión de cualquier forma de producto básico o dinero. El negocio conecta tarjetas de débito, tarjetas de crédito, bancos y Bitcoins a monederos digitales para poder realizar transacciones gratuitas y otros servicios financieros. Tanto negocios como clientes podrán añadir fondos a sus cuentas al vincular su tarjeta de débito o crédito, a través de transferencias bancarias o por medio de Bitcoins.

**Tecnología Blockchain y Diamantes**

La industria del diamante es probablemente la más grande entre las industrias de recursos naturales y es, probablemente, el producto interno bruto (PIB) más importante en África y otras regiones dedicadas a esta industria. Esta industria es reconocida por ser una de las más criminalizadas en el mundo. Las piedras son pequeñas y pueden ser ocultadas y transportadas con mucha facilidad por criminales y su venta es usualmente hecha en transacciones estrictamente confidenciales, la cual siempre tendrá retorno sobre la inversión con el paso de los años. Los diamantes son reconocidos como método de financiamiento para actividades terroristas y en el lavado de dinero a escala masiva en todo el mundo.

Debido a la gran cantidad de retos presentes en la industria de los diamantes, uno de los pioneros técnicos, Everledger, proporciona un libro mayor inmovible de las verificaciones de cada transacción e identificación de un número de accionistas, desde compañías de seguro hasta organismos de seguridad. Everledger asigna a cada diamante su propio "pasaporte digital", que acompañará a la piedra a través de su transacción y funciona como una huella digital única.

## Tecnología Blockchain y la Gestión de Datos

Factom es una empresa reconocida por aplicar libros mayores distribuidos, basados en tecnología blockchain, a servicios del sector no-financiero, particularmente en la gestión de datos. Factom utiliza registros basados en tecnología blockchain para el análisis de datos y la gestión de base de datos de diferentes aplicaciones. Tanto gobiernos como negocios pueden utilizar Factom para tener un control más simple de registros y facilitar el registro de procesos de negocio. También puede utilizarse para abordar problemas de seguridad y cumplimiento. Factom mantiene un registro permanente de todos los datos en la blockchain, con marcas de tiempo y fecha, permitiendo a empresas reducir la complejidad y los costos de auditoría, gestión de registros y que puedan cumplir con las regulaciones gubernamentales impuestas.

## Tecnología Blockchain y el Cannabis

Serica es una de las empresas de tecnología blockchain que opera en la industria del cannabis. Son responsables por introducir la criptofinanza, ingeniería del software, tecnología blockchain y custodia de valores al modelo financiero tradicional. La tecnología permite a los emprendedores iniciar su negocio con legitimidad, utilizando la red más grande de clientes para incrementar su número de miembros, conversiones, registros y tamaño promedio de órdenes. Utilizan la tecnología SSL (*Secure Socket Layering*) para cifrar toda la comunicación entre Serica y el monedero del usuario. La blockchain es utilizada para monitorear y registrar cada adquisición de marihuana medicinal, dando a los negocios una forma fácil de realizar pagos en línea. Otras empresas que utilizan la tecnología blockchain en la industria del cannabis son Tokken y Hypur.

## Tecnología Blockchain y el Contenido Digital

Ascribe es una empresa establecida para ayudar a creadores de contenido y artistas a patentar su arte digital a través de la blockchain. Su mercado permite generar ediciones digitales con IDs únicos y certificados digitales de autenticidad y origen. También permite a los artistas realizar envíos y transferir obras digitales según sus términos y condiciones legales respectivas. Otras empresas, tales como Stampery, Blockai y Bitproof brindan esta clase de servicios.

## Tecnología Blockchain y la Infraestructura de Red

Ethereum es tanto un lenguaje de programación como una plataforma que permite a cualquier desarrollador crear aplicaciones distribuidas de última generación y publicarlas. También puede utilizarse para descentralizar, programar, intercambiar y asegurar prácticamente cualquier cosa que se te pueda ocurrir, incluyendo sistemas de votación, intercambios financieros, nombres de dominio web, gobiernos empresariales, crowdfunding, acuerdos y contratos, propiedad inteligente y propiedad intelectual, todo gracias a la integración de hardware.

Otra empresa que ofrece tecnología blockchain como plataforma en la industria no-financiera es ChromaWay. Esta empresa también está trabajando en el desarrollo de una plataforma de contratos inteligentes que permitirá la digitalización y representación de flujos de trabajo, de forma privada, segura y eficiente.

## Tecnología Blockchain y Pronóstico de Ventas

Augur.net es una plataforma descentralizada de código abierto para el pronóstico de ventas, creada en la blockchain Ethereum. Permite a los usuarios intercambiar en base a resultados de ciertos eventos y utilizar información obtenida mediante crowdsourcing (colaboración masiva). Augur tiene planes de utilizar libros mayores descentralizados y públicos, creando formas para que cualquiera pueda utilizar el potencial del pronóstico de ventas de su base de usuarios en todo el mundo.

## Uso de Plataformas basadas en Tecnología Blockchain para Aplicaciones Descentralizadas

Anteriormente mencionamos algunos casos de uso en desarrollo que emplean tecnología blockchain. En el 2015, vimos que indudablemente hubo una gran actividad de inversión y cientos de empresas emergentes comenzaron a aparecer, todas uniéndose a la moda de la blockchain. Uno de los fenómenos más grandes fue el desarrollo de plataformas basadas en múltiples blockchains. Estas son plataformas que permitirán a proyectos de terceros utilizar la infraestructura base y crear sus propios productos. Mientras que algunas han logrado avances increíblemente rápidos en cuanto a uso, otras ya han empezado a alcanzarlas. Algunas de las plataformas más notables de este tipo, en las cuales se están generando proyectos o integraciones, son:

- Ethereum
- Ripple
- Eris Industries
- MaidSafe
- Stellar
- Counterparty

Otras plataformas que actualmente abren el camino para el desarrollo de este tipo de proyectos son:

- Blockstamp
- Hyperledger
- Epiphyte
- PeerNova
- Koinify
- Chain.com

Estas son las plataformas basadas en tecnología blockchain que han sido utilizadas en su mayoría por aquellos que buscan desarrollar nuevos proyectos o casos de uso. Mientras que algunas plataformas de servicios financieros, tales como Stellar y Ripple, han visto un crecimiento alto en el área de desarrollo de portales virtuales para transacciones. Ethereum es la empresa líder para los casos de uso no-financieros, con aproximadamente 14 proyectos diferentes desarrollándose en su plataforma.

Todo esto demuestra cómo la revolución de la blockchain ya está sucediendo, y en poco tiempo estará presente en todo el mundo.

# Capítulo 9: 5
# Mitos de la Tecnología Blockchain

Queda bastante claro que la tecnología detrás de la blockchain será el invento informático más importante de esta generación. Esto se debe a que, por primera vez en la historia, tendremos una forma de intercambio completamente digital con valor *peer-to-peer*. La blockchain es una plataforma global masiva, establecida en su concepto del libro mayor distribuido. Esta es responsable de establecer reglas, en un formato fuertemente cifrado, que permite a por lo menos dos partes realizar transacciones sin necesidad de una agencia o intermediario centralizado involucrado para establecer confianza entre las partes.

En lugar de depender de agencias gubernamentales, bancos o cualquier intermediario para crear confianza, la tecnología que sustenta la blockchain asegurará la confianza a través de la colaboración a escala masiva. De hecho, la confianza estará implementada en el sistema blockchain, y por eso es que también es conocida como "El Protocolo de Confianza".

Si quisiéramos ir un paso más allá, podríamos decir que la blockchain cumple varios papeles. Tales como:

- Registro de cuentas
- Base de datos
- Guardian

Blockchain

- Oficina de compensación

Es muy posible que se convierta en la segunda generación de internet y tiene el potencial de tomar la red económica y reescribirla para mejorarla, creando una forma completamente nueva de operar. Es en definitiva una perspectiva nueva a los sistemas de negocio antiguos.

Lamentablemente, hay muchos mitos sobre la tecnología blockchain que han influenciado a muchos negocios a no utilizarla. Estos son los 5 principales mitos sobre la blockchain, explicados y desmentidos a continuación:

1. **La Blockchain es buena pero el Bitcoin es malo**

   Hay muchas personas, particularmente en el sector financiero, que están muy emocionadas por el potencial que la tecnología blockchain puede proporcionarnos. Sin embargo, esas mismas personas tienen la idea equivocada de que las monedas digitales no son viables ni deseables, y creen que en realidad son algo peligroso.

   La blockchain para Bitcoin es un sistema sin permisos, lo que significa que cualquiera puede acceder a esta desde un dispositivo con acceso a internet e interactuar de manera similar a navegar en la web. Por otra parte, las blockchains basadas en permisos de acceso requieren que todos los usuarios tengan credenciales específicas, como una licencia para operar la blockchain que quieran accesar, y esas credenciales son proporcionadas por un organismo de gobierno o los miembros de la blockchain. Estos sistemas de permiso utilizan la tecnología de libros mayores distribuidos, pero no poseen ninguna moneda digital vinculada a estos.

A primera vista, parece que las blockchains basadas en permisos de acceso o privadas tienen muchas ventajas. Para empezar, los miembros de la cadena pueden realizar cambios a las reglas si lo desean. Solo necesitan que su grupo este de acuerdo en realizar los cambios, en vez de necesitar que toda la red esté involucrada. Los costos son menores ya que las transacciones solo deben ser validadas por los miembros de la cadena, no por una amplia red. Todo esto también puede ayudar a disminuir costos en electricidad, beneficiando al medio ambiente, y es más probable que los reguladores las prefieran sobre la cadena pública, como el Bitcoin, ya que no hay necesidad de anonimato.

Pero hay algunas cosas deben tomarse en cuenta. Aunque es fácil cambiar las reglas, también lo es presumir sobre esas reglas. Cuando se limitan las libertades intencionalmente, la neutralidad puede verse afectada severamente. Si no se fomenta la innovación, la tecnología blockchain no hará nada más que estancarse y se podrán identificar áreas vulnerables dentro de la plataforma. Por otra parte, la blockchain de Bitcoin, y cualquier otra vinculada a monedas digitales, incluyen incentivos para animar a los usuarios a validar transacciones.

## 2. Solo la industria financiera se beneficiará de las blockchains

Mientras sean capaces de encontrar el liderazgo correcto, la industria de servicios financieros podrá mejorarse utilizando la tecnología blockchain. Esa tecnología tiene el potencial para revolucionar completamente los servicios financieros, desde cuentas bancarias y tarjetas de débito, hasta la red entera de tarjetas de crédito. Si todos comparten el mismo libro mayor distribuido, los acuerdos por transacciones pueden ejecutarse directamente para todos. Los bancos podrían utilizar la tecnología blockchain para agilizar el procesamiento del sistema y reducir los grandes costos que ven a diario. Los más inteligentes utilizarán esta tecnología estratégicamente, lo cual incluye el sistema sin permisos de acceso, para comenzar negocios en mercados nuevos y crear muchos otros servicios.

Sin embargo, la industria de servicios financieros es solo una pequeña parte del sistema. Las blockchains tienen el potencial de interrumpir a aquellos que ya han irrumpido abruptamente en el mercado, como Uber. Las blockchains funcionarán en el del Internet de las cosas y permitirán a dispositivos inteligentes conectarse a redes *peer-to-peer* para realizar transacciones y compartir datos de manera segura.

La blockchain tiene el potencial para reinventar completamente cómo funciona la democracia, asegurando que los políticos hagan algo que no están acostumbrados a hacer: rendir cuentas al público.

### 3. Las blockchains son negocio a negocio (B2B, *business to business*) y no para el público general

Muchas personas están convencidas de que la tecnología blockchain cambiará completamente la economía y afectará nuestra vida cotidiana en más formas de las que podemos imaginar. Las blockchains no son sólo para negocios, como creen algunos; la blockchain afectará a cada hombre, mujer y niño en nuestro mundo actual.

### 4. Hay muchos problemas con las blockchains para hacer que funcionen

Hay quienes aseguran que la tecnología blockchain todavía no está lista para el resto del mundo, que es un sistema demasiado complejo para usarlo correctamente y las mejores aplicaciones aún están siendo desarrolladas. Otros piensan que se necesita de mucha energía para lograr consenso en toda la plataforma, y se preguntan qué pasaría si millones de blockchains se conectaran y procesaran un inmenso número de transacciones al día. ¿Hay suficientes incentivos para que las personas participen y no intenten tomar control de la red? ¿Podría la blockchain acabar con muchos trabajos para un montón de personas a lo largo del tiempo? En lugar de pensar en estos factores como la razón de no implementar la tecnología, deberíamos evaluarlos como los retos a superar para que el sistema sea perfeccionado en un futuro.

5. **Satoshi Nakamoto es en realidad Craig Wright**

Craig Wright es un emprendedor australiano que increíblemente asegura ser el verdadero creador del Bitcoin: Satoshi Nakamoto. Como ya sabemos, Satoshi no es el único creador, otras personas también estuvieron involucradas. Cuando el primer papel blanco sobre el Bitcoin fue escrito, al igual que el primer protocolo, esto se convirtió el hecho que puso todo en marcha. Luego Nakamoto desapareció del mapa, dejando que la comunidad continuará el trabajo. Esa comunidad es la verdadera responsable por la mayor parte del código blockchain, al igual que todo el contenido relacionado al Bitcoin. Visto de esta manera, toda esa comunidad es en realidad Satoshi Nakamoto.

Por esta razón es que no importa quién es el creador original del protocolo. Es un sistema basado en acceso sin permiso, y eso significa que nunca será necesario un árbitro. Para el siguiente paso a tomar, toda la comunidad tiene que asumir el rol de autoridad y estar de acuerdo en una decisión. Sin embargo, las probabilidades de que Craig Wright sea el verdadero Satoshi Nakamoto son muy bajas.

# Conclusión

¡Gracias nuevamente por comprar este libro!

Espero que te haya ayudado a comprender qué es una blockchain, la tecnología detrás de esta estructura, la revolución blockchain y lo que representa para todos nosotros.

Lo siguiente es adentrarse en el mundo de la tecnología blockchain para comprender su revolución y lo que puede hacer por y para el mundo. Estudia cómo cambiará las industrias bancarias y financieras, cómo afectará las industrias no-financieras, y cómo afectará positivamente la seguridad de todas las transacciones futuras.

El número de grandes compañías y empresas emergentes que hemos discutido es un buen indicio de cuán popular ya es esta tecnología. Empresas como NASDAQ no suelen dar una oportunidad a la tecnología con facilidad, ni sin haber estudiado sus ventajas. El hecho de que hoy estén tan involucradas con la blockchain es una prueba fehaciente de que esta tecnología es el futuro.

Para finalizar, si has disfrutado este libro, quisiera pedirte un favor: ¿podrías ser tan amable de escribir una reseña en Amazon sobre mi libro? ¡Te estaría muy agradecido!

¡Haz clic aquí para escribir una reseña sobre este libro en Amazon!

¡Muchas gracias, y buena suerte!

# Bitcoin

*Una Guía Completa para Conocer y
Comenzar con la Criptomoneda más
Grande del Mundo*

**Mark Smith**

veraz de los hechos y, por lo tanto, cualquier descuido, uso correcto o incorrecto de la información en cuestión por parte del lector será su responsabilidad, y cualquier acción resultante estará bajo su jurisdicción. Bajo ninguna circunstancia el editor o el autor original de este trabajo podrán ser responsables de cualquier adversidad o daño que pueda recaer sobre el lector luego de seguir la información aquí descrita.

Además, la información contenida en las páginas siguientes solo tiene fines informativos, y por lo tanto, debe considerarse de carácter universal. Como corresponde a su naturaleza, el material se presenta sin garantía con respecto a su validez o calidad provisional. Las marcas registradas encontradas en este texto son mencionadas sin consentimiento escrito y, bajo ningún motivo, puede considerarse como algún tipo de promoción por parte del titular de la marca.

# Tabla de Contenido

# Introducción

Felicidades por haber descargado tu propia copia de *Bitcoin*, ¡y gracias por hacerlo!

Los siguientes capítulos tratarán sobre la famosa criptomoneda conocida como Bitcoin. Con este libro aprenderás cómo usar el Bitcoin y cómo invertir en él. Cuando hayas terminado de leerlo, tendrás una idea clara y original sobre cómo hacer dinero con Bitcoin.

Invertir en una criptomoneda como el Bitcoin no es algo fácil, pero con este libro vas a poder lograrlo.

Recuerda que siempre hay algo nuevo que aprender sobre las criptomonedas, por lo que siempre debes mantenerte informado, seguir leyendo y aprendiendo sobre este mundo de las monedas digitales.

Existen muchos libros disponibles en el mercado sobre este tema, ¡así que gracias nuevamente por elegir este libro en particular! Se hizo todo lo posible para garantizar que esté repleto de tanta información útil como fue posible. ¡Por favor, disfrútalo!

# Capítulo 1:
# Conociendo Qué Son las Criptomonedas

Es posible que hayas escuchado términos como criptomonedas, cripto monedas, o criptoactivos: lo único que tienen en común es que todos significan lo mismo. Esto se trata de un intercambio de divisas en donde se controlan las unidades que se crearán con fines de negocio. Las criptomonedas son, como su nombre lo implica, monedas digitales relacionadas con nombres como Ethereum y Bitcoin. La primera moneda digital que funcionó a través de un sistema descentralizado fue el Bitcoin, concebido en el año 2009. Desde el lanzamiento del Bitcoin, otras criptomonedas le han seguido, tales como Altcoins y Ethereum. Los Altcoins se convertirán más adelante en una alternativa a los Bitcoins.

Como fue mencionado, el programa de criptomonedas se planteó bajo un esquema descentralizado, y funcionaría en una blockchain (cadena de bloques) donde cada transacción es ubicada en un bloque. El hecho de que las criptomonedas operen en una blockchain es una señal de que estas no tienen la intención de funcionar como un banco corriente. Esto también hará que sea diferente a los bancos comunes, ya que este tipo de banco opera bajo un sistema centralizado.

Fue en 1998 el Sr. Wei Dai publicó por primera vez un sistema anónimo de efectivo electrónico, el cual recibió el nombre de "b-money". No mucho después, Nick Szabo escribió un documento donde se introdujo el concepto del "bit gold", que fue publicado con la intención de encontrar soluciones para este nuevo sistema antes de su lanzamiento. El sistema de monedas se basaría en la prueba de trabajo (*proof-of-work*) del cliente, diseñado para que la evidencia del mismo pudiera ser reutilizada. Finalmente, la colaboración de Hal Finney junto a Dai y Szabo fue lo que permitió la creación del Bitcoin, ¡la tan popular criptomoneda de la que no paramos de escuchar hoy en día!

Nakamoto fue el fundador y creador del Bitcoin, y fue él quien empleó el sistema criptográfico para que funcionase en coordinación con la prueba de trabajo. Namecoin fue creada para intentar cooperar con un DNS (Sistema de nombres de dominio) de manera que funcionase por medio de un sistema descentralizado. Sin embargo, al hacer esto, se incrementó la censura y bloqueos por internet. Pero no tomó mucho tiempo para que Namecoin fuera lanzada y distribuida como una moneda digital separada del Bitcoin. Este tipo de criptomonedas terminó usando un *script* (archivo de órdenes) para poder operar correctamente. Y aún así, otro tipo de moneda híbrida hizo aparición bajo el nombre de Peercoin.

Aunque varias plataformas se han desarrollado por medio del sistema descentralizado, esto no significa que son exitosas, y esta es la verdadera razón por la cual apenas llegas a escuchar de ellas en la actualidad.

En Agosto del 2014, el Reino Unido declaró que planeaban estudiar cómo las criptomonedas tuvieron un efecto sobre la economía, para ver si sería más ventajoso emplear las criptomonedas. Con el estudio, se demostraron las ventajas de las criptomonedas, al igual que se permitió su uso dentro de algunas tiendas y restaurantes dentro del Reino Unido. Sin embargo, las criptomonedas aún no son aceptadas en todas partes.

Fue en ese año cuando la segunda generación de plataformas para criptomonedas fue lanzada. Algunas de estas plataformas fueron Ethereum, NTX, y Monero. Estas plataformas ofrecieron operaciones y transacciones avanzadas donde los clientes podrían usar contratos inteligentes ("*smart contracts*") y direcciones secretas ("*stealth adresses*").

Las criptomonedas también han representado una amenaza para el precio del crédito en las instituciones financieras tradicionales. Cada vez se realizan más transacciones con criptomonedas, y se evidencia con rapidez que los clientes de bancos tradicionales están perdiendo confianza en las monedas fiduciarias. Esto implica más problemas para las instituciones financieras en lo que respecta a la recopilación de datos para buscar y descubrir qué está sucediendo en la economía. Estos datos luego son entregados a las instituciones gubernamentales para que ellos puedan tomar el enfoque y dirección deseado sobre la economía de los países.

Un alto funcionario bancario dijo: "el uso generalizado de las criptomonedas hace que sea más difícil para las agencias de estadísticas poder recopilar los datos económicos necesarios".

En Febrero del 2014 se lanzó el primer cajero automático de Bitcoins bajo la supervisión de Jordan Kelley, el creador de la criptomoneda Robocoin. Este cajero automático se encuentra en Austin, Texas, y funciona como cualquier otro cajero automático del banco, excepto que sus escáneres leerán algún tipo de identificación gubernamental con la cual se verifica la identidad del cliente. Este cajero le permitirá al usuario tener acceso a las criptomonedas que se encuentren depositadas en su cuenta, una vez que su identidad haya sido verificada.

# Capítulo 2:
# Bitcoin - La Primera Criptomoneda

Al usar un blockchain, se crean registros públicos que pasan a convertirse en la base para la creación de un bloque nuevo. Sin embargo, la mejor solución no será forzar una autoridad central dentro del sistema en la que se debe confiar para que tome las decisiones correctas, ya que este tipo de decisiones no siempre pueden ser tomadas correctamente por ese tipo de autoridad. Cuando se trata del mantenimiento de la cadena de bloques, este se llevará a cabo en la red por medio de un software que ese blockchain ejecutará regularmente. En otras palabras, una persona física no estará encargada de la ejecución de la blockchain, lo que significa que los errores humanos se reducen drásticamente.

Existen redes que serán utilizadas al momento de validar todas las transacciones y negocios que se realicen, para que luego sean añadidas al libro mayor después de que el nodo sea identificado debidamente por el sistema como disponible para trasmisión cuando se finalice la consulta. Con la verificación adecuada, el Bitcoin toma los datos y los distribuye al lugar que deben ocupar dentro de la base de datos de la blockchain. Por lo tanto, cada nodo utilizado significa la creación de una nueva cadena en la blockchain por cada transacción que un minero complete.

Un nuevo bloque será creado seis veces por cada transacción, tan pronto sea aceptada y verificada dentro de la blockchain. El software de Bitcoin ayudará a descubrir la cantidad que se debe al minero, de manera que dicha cantidad no sea enviada más de una vez, a menos que esa sea la intención. Esta es otra forma de asegurarse de que la blockchain no pase nada por alto.

Los libros mayores de la blockchain examinarán los datos que ya se han registrado para las transferencias, y luego serán colocados en varias partes diferentes del sistema para que puedan agruparse en base a la moneda o billetes que involucre la transacción y que se encuentran ubicados de manera electrónica en la red. Las criptomonedas serán el único tipo de moneda que no podrá gastarse dentro de un bloque del mismo blockchain.

Cualquiera que utilice la blockchain para minar Bitcoins tendrá que crear un nuevo bloque para que pueda mantenerse hasta que la minería se complete, y la recompensa se haya enviado a la persona correcta. Los mineros recibirán premios y comisiones por las transacciones que completen una vez que hayan sido verificados y anexados dentro de un bloque en la blockchain.

# Capítulo 3:
# Cómo Almacenar Bitcoins

Los monederos (también llamados billeteras electrónicas) de Bitcoin son muy similares a las cuentas de un banco porque en ellos podrás almacenar, recibir, y enviar Bitcoins. Recuerda que, al igual que con una cuenta del banco, necesitarás asegurarte de que la información asociada con tu monedero nunca caiga en manos ajenas, ¡o podrían robarte todas tus monedas!

Hay un montón de monederos electrónicos disponibles para Bitcoins entre los que podrás elegir. Monederos software (o de Escritorio), monederos web, y muchos más. Hay pros y contras sobre cada monedero, y es tu tarea identificar cuál es el mejor monedero para ti y para lo que quieres hacer con tus Bitcoins. No importa cuál monedero escojas, siempre tendrás que cerciorarte de que la información de tu monedero esté segura, como acabamos de mencionar y seguiremos haciéndolo, ¡porque esto es algo de mucha importancia!

**Monedero Software (o Monedero de Escritorio)**

1.  Revisa todas sus opciones. El monedero software es uno de los monederos creados originalmente por Bitcoin. En él, encontrarás un montón de opciones para elegir si consideras utilizar el monedero software. Pero asegúrate de seleccionar uno que te permita tener control total de la seguridad de tu Bitcoin según la

configuración del programa. De no hacerlo así, tendrás dificultades al instalar el programa y tendrás que tomarte la molestia de actualizarlo regularmente.

    a. Debido a que la blockchain es una base de datos pública, las transacciones que se realicen a través del servidor no son almacenadas, pero sí serán verificadas por el mismo.

2. El monedero básico de Bitcoin es el monedero original que ha evolucionado y mejorado a medida que Bitcoin lo ha hecho. Hay muchas personas que se decantan por el monedero básico de Bitcoin mientras otras lo detestan, pero así sucede con todos los métodos disponibles. Seleccionar el monedero original es a veces la mejor opción para alguien nuevo. Para descargar este monedero, necesitas entrar en el enlace www.Bitcoin.org y descargar la aplicación o programa del monedero. Una vez que hayas instalado el programa en tu computador, el portafolio del cliente intentará establecer conexión para poder iniciar la descarga de la blockchain en el dispositivo.

    a. Necesitarás tener todos los bloques en la cadena antes de poder iniciar y completar cualquier transacción con Bitcoin.

3. Hay otros monederos disponibles para descargar si no deseas utilizar el monedero básico de Bitcoin. Cada monedero tiene ventajas y desventajas que determinarán cómo funcionará el monedero no solo en tu computador, sino también dentro de la blockchain. Por ejemplo, algunos monederos estarán solo

disponibles para computadores Mac y tendrá una aplicación disponible en la App Store que permitirá vincular el monedero, dando acceso al monedero y otros servicios de Bitcoin desde el teléfono móvil y el computador a la vez. El monedero Armory es un monedero que se enfoca en la seguridad más que en otras funciones que otros monederos pudiesen tener.

    a. Cada monedero tiene su propio proceso de instalación.

    b. El monedero Hive es un monedero diseñado para principiantes. Por lo tanto, quizás sea recomendable que comiences con este monedero y pases a uno diferente una vez que te hayas acostumbrado a usar Bitcoin.

4. Un monedero *lightweight* (monedero ligero) no ocupará mucho espacio en el disco duro de tu computador, como la mayoría de los monederos hará. Estos monederos compactos también trabajarán más rápido ya que no necesitan descargar todo la blockchain. Si quieres usar un monedero *lightweight*, quizás deberías considerar monederos como Electrum o MultiBit.

    a. Debes tener en cuenta el hecho de que los monederos compactos no serán tan seguros como los monederos que descarguen todo la blockchain. Por lo que, si no quieres perder todos tus Bitcoins, es mejor mantenerse alejado de este tipo de monederos a menos que no tengas suficiente espacio en el disco duro, y esta sea la única forma de obtener un portafolio de inversión para tu Bitcoin.

## Monedero Web

1. Debes estar seguro de que comprendes cómo funcionan los monederos web antes de optar por este método para almacenar tus Bitcoins. Un monedero web creará una llave privada vinculada con tu monedero y la colocará en un servidor que estará vigilado por un grupo de administradores. Algunos monederos web te permitirán vincular tu cuenta a un dispositivo móvil al igual que con monederos software para que todos puedan manejarse desde el mismo lugar. Este monedero te dará acceso desde cualquier lugar siempre y cuando tengas acceso a internet, por esta razón es que los monederos web son tan populares. El sitio web administrará tu llave pública y privada, lo cual puede presentar un riesgo enorme, ya que podrían robar los Bitcoins sin tu conocimiento.

   a. Muchos monederos web tienen violaciones de la seguridad; por lo que necesitarás investigar a profundidad este tipo de monederos antes de elegir usarlos, o de lo contrario vas a perder unas monedas sin oportunidad de recuperarlas.

2. Cuando selecciones tu monedero web, muchos asegurarán estar enfocados en mantener una seguridad estricta para el beneficio de sus clientes, de manera que puedan atraer a más personas. Algunos monederos que puedes considerar son: Circle, Coinbase, y Xapo.

a. Coinbase te permitirá acceder a tus Bitcoins desde cualquier parte del mundo, además de proporcionarte ofertas que solo podrán usarse desde el monedero de Coinbase. También abren un canal de transacciones entre los Estados Unidos y Europa.

b. Xapo es un monedero más simple que es más accesible para el cliente y ofrece un tipo de seguridad extra conocida como "almacenamiento en frío".

c. El monedero Circle permitirá a los ciudadanos estadounidenses vincular las cuentas de sus bancos con los monederos web para depositar su dinero directamente. En cuanto a los clientes de otros países, solo tienen la opción de utilizar tarjetas de crédito o débito.

3. Quizás tu mejor opción sea un monedero anónimo. El mundo del Bitcoin llegará a un punto donde puedes permanecer completamente anónimo, lo que significa que nadie sabrá quién eres. Habrán algunos monederos que ofrecen menos seguridad y ningún tipo de protección. Un monedero Dark (monedero oscuro) es una extensión para el navegador Google Chrome, y es uno de los monederos anónimos más populares. Los servidores cambiarán una y otra vez para ofrecer la estabilidad que necesites para tus Bitcoins, pero el servidor también será muy vulnerable y es susceptible a ataques cibernéticos por hackers en cualquier momento.

    a. Existen algunos monederos anónimos que tienen funciones para ofrecer retiros de efectivo más rápidos que otros monederos.

## Monedero Hardware

1. Debes tomar en consideración el uso de un monedero hardware cuando abras un portafolio para Bitcoin. Si eres muy cuidadoso con tus inversiones y tu dinero, entonces tu mejor opción es utilizar un monedero hardware. Un monedero hardware va a ser un dispositivo físico que tendrá una clave privada y funcionará electrónicamente, además de facilitar pagos como cualquier otro monedero podría hacer. Estos monederos pueden ser llevados físicamente y no requieren confiar en un tercero para almacenar tus Bitcoins.

    a. Un monedero hardware es inmune a cualquier tipo de virus, como un virus troyano que podría robar tu información de inicio de sesión y detalles de tu tarjeta de crédito, o incluso tu cuenta bancaria en línea.

2. Cuando adquieres un monedero hardware, hay una gran cantidad de monederos diferentes para elegir. Son diferentes en cuanto a calidad y rango de precios.

    a. Un monedero Pi utiliza un método de almacenamiento en frío y no tiene la capacidad inalámbrica que podrías estar buscando para tu monedero. Este tipo de monedero utiliza el cliente de Armory, igual al del monedero

Armory, para brindar suficiente seguridad y que puedas trabajar sin tener que configurarlo tu mismo. Es bastante fácil de usar para el cliente y lo suficientemente seguro para usar como monedero hardware.

b. Un monedero USB es bastante económico y cada vez es más popular como una opción de portafolio para los usuarios de Bitcoin. Estos dispositivos ayudarán a proteger los datos que coloques en ellos y contendrán un chip de microprocesador que funcionarán de la misma manera que el chip de una tarjeta de crédito. Los monederos USB pueden usarse en diferentes computadores para que el dispositivo siempre pueda conectarse por medio de una conexión segura.

c. Trezor es bastante parecido al monedero Pi, pero va a tener una pequeña pantalla que puedes usar para interactuar con él. El dispositivo utilizará algunas claves privadas generadas por el mismo. Una de sus ventajas es que el monedero Trezor será inmune a los ataques de malware.

3. Siempre debes estar seguro de que el monedero que uses esté encriptado. Hay una gran cantidad de monederos hardware que requieren un código o una contraseña que harán que se encripten cada vez que se accedan a ellos. Si tu dispositivo no requiere de una contraseña para acceder, entonces esto es un factor que debes tomar en cuenta ya que esta contraseña dará más seguridad a tu monedero. Cada monedero hardware

requerirá un protocolo diferente que tendrás que seguir para establecer una conexión encriptada segura.

# Capítulo 4:
# Minar o No Minar

C uando se trata del Bitcoin, es muy obvio que necesitas tener monedas en tu cuenta para poder usarlas en bienes y servicios. De igual manera, también vas a querer recibir monedas por lo que estés haciendo.

Es hora de conocer cómo minar Bitcoin en línea, pero la mayoría de las guías y manuales que encontrarás están escritos para personas que tienen un conocimiento mayor que el principiante común. Sin embargo, en este capítulo, aprenderás la manera más fácil de comenzar a minar Bitcoins sin explicaciones complicadas, y así conseguir tus primeras monedas.

### Encontrar una plataforma minera de Bitcoin

Antes de que puedas siquiera pensar sobre la minería de Bitcoins, tendrás que entender que esta es un área increíblemente competitiva a la que aspiras entrar. Existe una gran cantidad de mineros que se dedican exclusivamente a la minería de Bitcoin utilizando algunos de los últimos equipos y computadores que pueden encontrar en el mercado, lo que hace que sea más difícil para el usuario promedio poder minar. Por lo tanto, antes de que puedas comenzar a minar, necesitas saber si la minería de Bitcoins es algo que vale la pena para ti o no. Esto no va a ser algo que se pueda saber por medio de un programa ni otro minero podría determinarlo. Se trata de una decisión personal y por eso necesitas estar seguro de que estás haciendo la investigación adecuada.

Hay muchas herramientas disponibles para determinar si vas a tener buenos resultados al minar Bitcoins, como el uso de una calculadora Bitcoin. Tendrás que ingresar la información del minero que deseas comprar y descifrar si hay algún beneficio, o incluso si vas a salir sin ganancias ni pérdidas. Existen algunos mineros cuyo método consiste en invertir mucho dinero para poder minar Bitcoins correctamente.

Una vez que hayas terminado tus cálculos, tendrás que adquirir tu propio minero. Asegúrate de que no has olvidado consultar toda la información sobre el hardware de minería para que puedas encontrar al minero que trabajará mejor para ti.

Recuerda no dejarte engañar por la infinidad de programas llamativos que se ofrecen por descargas para la minería, porque no siempre son los mejores. El mejor siempre será aquel que tenga buenas calificaciones que otros mineros le han dado después de usarlo.

**Consigue una monedero Bitcoin**

Tal como fue descrito en el capítulo anterior, tener un monedero para Bitcoins es algo esencial. Ya que el Bitcoin es una moneda digital, necesitarás tener un lugar para almacenarlas, y es imposible enviarlas directamente a la cuenta de un banco, por lo que necesitarás un monedero.

Una vez que hayas creado tu portafolio, una dirección para ese monedero te será asignada. Esa dirección será una larga secuencia de letras y números que se considerará la dirección pública. También recibirás una clave privada. Puedes compartir tu dirección pública y así obtener Bitcoins por la minería que realices, o puedes compartirla con otras personas si van a enviarte monedas. Sin embargo, nunca compartas tu clave privada porque con ella alguien más podría tener acceso a tus Bitcoins y no podrás recuperarlos una vez que hayan sido robados.

Puedes incluso considerar el uso de un monedero *self-hosted* (auto-alojado) que contiene un número de instrucciones que debes seguir. También debes asegurarte de guardar una copia del archivo de datos del monedero e imprimir el archivo para que pueda mantenerse a salvo. Esto debe hacerse en caso de que tu computador deje de funcionar y no puedas recuperar los registros. Al hacer esto, puedes contar con un respaldo de tus Bitcoins, algo muy necesario porque una vez que los pierdes, no pueden recuperarse.

**Encuentra un grupo de minería**

Tan pronto hayas configurado tu monedero, el siguiente paso será encontrar un grupo de minería al que unirse. Un grupo de minería, como su nombre lo explica, es un grupo de mineros que utilizarán la combinación de su poder de cómputo para intentar generar más Bitcoins. La razón principal por la que no es recomendable minar solo, es que Bitcoin recompensa en bloques a una tasa de 12,5 por vez. Lamentablemente, muchas veces no obtendrás ninguna de las monedas que minas.

Cuando empieces a minar en un grupo, estarás trabajando con un algoritmo más pequeño y que será más fácil de resolver debido a que todos trabajarán al mismo tiempo en un fragmento del algoritmo hasta completar el algoritmo más grande. El Bitcoin generado se extenderá a través del grupo de minería en base a la contribución de cada minero para resolver el algoritmo. Por lo tanto, si eres constante y haces una buena parte del trabajo, entonces podrías recibir una cantidad decente de monedas.

Pero antes de seleccionar un grupo de minería al cual unirte, debes tener ciertas cosas en mente.

1. ¿Es estable el grupo?

2. ¿Cuál es el método para recibir las recompensas?

3. ¿Cuáles son las estadísticas de producción del grupo?

4. ¿Cuál es la tasa para minar y retirar fondos?

5. ¿Es fácil el proceso de retiro?

6. ¿Con qué frecuencia se consigue un bloque?

Cuando estés dando respuesta a estas preguntas, debes analizar todo lo que representa un grupo de minería. Tan pronto finalices el registro al grupo, recibirás un nombre de usuario y una contraseña que puedes usar más adelante para iniciar sesión en el grupo y completar la tarea asignada referente a los algoritmos de ese bloque en particular.

## Consigue un programa de minería para tu computador

Una vez que has completado los pasos antes mencionados, estarás casi listo para comenzar a minar; sin embargo, aún falta una cosa. Necesitas conseguir un cliente de minería que pueda ejecutarse en tu computador. A través de él, podrás supervisar y controlar lo que sucede en el equipo para minería que ya tengas preparado. El equipo que hayas adquirido es importante al momento de determinar el programa que necesitas obtener para la minería, ya que es necesario que sea compatible. Habrá algunos grupos que usarán su propio software, y si tienes la intención de unirte a uno de esos grupos, te verás obligado a descargar ese software en particular. Pero no todos los grupos optan por usar propio software, por lo que podría ser una buena idea tener tu propio software en el caso de unirse a un grupo que no lo tiene.

**Empezar a minar**

Ahora puedes conectar tu equipo minero a una fuente de alimentación y empezar a minar Bitcoins. Debes asegurarte de haber conectado tu minero al computador antes de poder abrir tu software de minería. Sin embargo, después de que se haya cargado todo, debes ingresar el nombre del grupo, la contraseña y tu nombre de usuario para entrar al grupo y comenzar a minar.

Puedes comenzar a ver el trabajo que realizas en la estadística por tareas compartidas del grupo mientras identificas el siguiente bloque. La cantidad de monedas que recibirás por tu parte del trabajo depende del grupo al que te hayas unido, pero recuerda ingresar tu dirección pública correcta en los campos apropiados al momento de registrar la cuenta al grupo, o no recibirás ningún pago.

# Capítulo 5:
# La Manera Menos Complicada

En todos los casos que estés invirtiendo con Bitcoin, tendrás que conseguir una manera de obtener monedas, como ya hemos explicado en los capítulos anteriores, así puedes usarlas más adelante para comprar lo que desees. Hay al menos cinco maneras distintas en las que podrás obtener Bitcoins.

1. *Minar monedas:* Esta es una opción poco común cuando estás gastando Bitcoins. Esto se debe a que con este método tendrás que resolver ecuaciones matemáticas complejas y mostrar tu prueba de trabajo para que la cadena pueda verificar que cumpliste con el trabajo correctamente.

2. *Negociar monedas:* Existen muchos comercios de intercambio en línea donde podrás comprar y vender monedas. Esta es una de las maneras más populares, porque implica usar la moneda tradicional para obtener una moneda digital. No obstante, este tipo de negocio puede llevarse hasta dos semanas para que el banco verifique la transacción y envíe la prueba de identidad correcta. Cuando esto suceda, tendrás que esperar dos semanas para acceder a tus monedas, y para entonces, es probable que ya hayas olvidado esa compra.

3. *Comprar cara a cara (en persona):* Si quieres conseguir monedas rápidamente, tu mejor opción es hacer una transacción cara a cara. Por supuesto, este método es muy peligroso. Hay muchas historias que se han contado en las noticias sobre personas que fueron robadas después de una reunión de este tipo para adquirir criptomonedas. Considerando que un solo Bitcoin puede costar cientos y hasta miles de dólares en la actualidad, mientras mayor sea la inversión, más dinero tendrás que llevar contigo al momento de hacer la compra en persona para obtener un buen número de monedas. Por lo tanto, si planeas comprar criptomonedas cara a cara, necesitas asegurarte de tomar las mismas precauciones que si fueras a conocer a alguien fuera de Facebook o Craigslist. Considera pautar la reunión en un espacio público y lleva un acompañante, de manera que puedas estar protegido y también proteger a la otra persona.

4. *Transacción cara a cara:* Esta se lleva a cabo cuando un inversor de Bitcoin busca una manera fácil de conseguir monedas. Una transacción es más complicada que una negociación cara a cara. Las transacciones cara a cara son normalmente conocidas como "reuniones del sicómoro" (*buttonwood meetups*), y son similares al tipo de transacción que se llevaba a cabo en la Bolsa de Nueva York.

5. *Cajeros automáticos:* Un cajero automático será el método más seguro para obtener Bitcoins. Es muy importante saber que el cajero de Bitcoin cobrará una comisión del 5% por cada transacción y te permitirá

hacer transacciones de miles de dólares si tienes el dinero para completarlas.

# Capítulo 6:
# Cómo Mantener tus Bitcoins Seguros

Cuando se trata de Bitcoin, la seguridad es un tema de suma importancia y algo que siempre debes tener en mente antes de usar Bitcoin.

El sistema bancario es como un jardín al que se le ha puesto una cerca. Lo único que le puede pasar a tu dinero es que lo uses todos los días. Tu banco será responsable de asegurarse de que el dinero esté seguro siempre que lo deposites dentro de la institución. Y en el caso de que algo salga mal, el banco tendrá un número al que podrás contactar para solucionar el problema o para que se inicie un contracargo. No tendrás que preocuparte por ningún procedimiento especial o respaldos cuando se trata de cómo se manejará tu dinero. Lo único que por lo que tendrás que preocuparte es gastar el dinero en lo que necesites.

Pero este proceso es muy diferente cuando se trata de usar Bitcoin. El mayor problema que enfrenta gran parte de los consumidores es no estar acostumbrados al inmenso cambio que representa ser el único responsable de su dinero. Esto conlleva a que las personas pierdan grandes cantidades de dinero involuntariamente. En muchos casos, esto sucede debido a errores simples que no serás capaz de reconocer hasta que suceden. Además, no hay nadie a quien acudir cuando cometes este tipo de error para buscar solucionarlo. Cuando entras al mundo del Bitcoin, significa que ahora eres tu propio banco, y depende de ti velar por la seguridad de tus Bitcoins.

## Reglas básicas

No es difícil buscar en diarios o noticias locales y encontrar alguna historia sobre cómo alguien perdió sus Bitcoins por un error humano, técnico, o simplemente alguien se los robó. Aún así, existen muchos errores que puedes evitar al seguir algunas reglas básicas para la seguridad de tus Bitcoins.

1.  Cuando utilizas cualquier tipo de servicio en línea, tales como transacciones de Bitcoin, necesitarás emplear una autenticación de dos factores. Si no tienes una autenticación de dos factores activa, cualquier persona puede acceder a tu cuenta y robar tus monedas. Lo único que van a necesitar es la contraseña de la cuenta. Lo alarmante es cuán frecuentemente sucede esto. Estos atacantes podrían obtener tu contraseña a través de innumerables métodos y técnicas que utilizan los hackers. A un hacker podría tomarle más de un minuto conseguir tu contraseña, pero lo hará eventualmente. Debes verificar la configuración de administración de la cuenta que utilices y activar la autenticación de dos factores.

    Consejo: cuando estés revisando la configuración de tu cuenta y activando la autenticación, recibirás una llave secreta que estará vinculada a un código QR que podrás escanear con el teléfono por medio del escáner QR. Es recomendable imprimir este código en una hoja de papel de manera que puedas guardarlo en un lugar seguro al que solo tú tengas acceso. Así te asegurarás de ser el único que pueda acceder a la cuenta, incluso si llegas a perder el teléfono.

2. Asegúrate de tener control directo sobre tus Bitcoins. Si aún no tienes una llave privada, entonces aún no tienes control sobre tus monedas. Debido a que las monedas se almacenan en un monedero virtual, ese monedero también tendrá una llave pública y una privada, como hemos explicado anteriormente. Una llave pública es una dirección que puedes compartir con las personas para recibir monedas en tu cuenta. Si no has configurado tu cuenta para recibir las monedas en esa dirección, entonces simplemente no podrás recibirlas y administrarlas. Si esto sucede, las monedas se perderán para siempre.

3. Debes mantener copias de seguridad periódicas de tu monedero. Este es un dato que por lo general no necesita mencionarse, pero algunas personas olvidan hacer un respaldo de su monedero. De cualquier forma, deberías hacer copias de seguridad sobre cualquier información importante con la que estés trabajando, especialmente cuando esos datos manejen dinero. Es una idea muy útil tener una red de seguridad que te permita colocar tus datos en un disco duro en caso de que pierdas tu computador por algún desastre natural o el equipo deje de funcionar. Una vez que tus monedas desaparecen, es para siempre. Nadie más puede acceder a esas monedas; se perderán en un espacio al que nadie tiene acceso.

Consejo: necesitas buscar un monedero determinista jerárquico que te permita realizar una copia de seguridad única. Este respaldo guardará tu información tras un cifrado donde hay de doce a veinticuatro palabras humanas simples (o una frase) que necesitarás anotar y guardar en un lugar seguro para que puedas acceder a ella más tarde. Con esto, no será necesario hacer copias de seguridad constantemente.

## Retos de seguridad con Bitcoin

Hay reguladores de bancos que están descubriendo que Bitcoin tendrá algunas pérdidas financieras importantes en cuanto a la estabilidad financiera de sus programas. Algunas de estas responsabilidades incluyen:

1. La distribución del sistema del libro mayor, el cual no tiene ningún tipo de regulación por parte de reguladores financieros. Por ejemplo, existen algunos sistemas que serán más vulnerables al fraude, producto de la colisión entre los participantes de la red.

2. Un incremento en los retrasos de las transacciones. Se calcula que la mayoría de las transacciones se tomará alrededor de cuarenta y tres (43) minutos en completarse.

3. Hay una gran preocupación de que el Bitcoin pueda convertirse en una moneda utilizada por los terroristas y cibercriminales, lo cual podría motivar acciones gubernamentales para su futuro cierre.

También existen transacciones que nunca se llevan a cabo en su totalidad, lo que ocasiona que permanezcan sin verificación para siempre.

# Capítulo 7:
# Técnicas Apropiadas para el Bitcoin

El Bitcoin es conocido como la primera moneda digital que acabó con el rol del intermediario, y también encontró una manera de evadir los bancos y sus procesos de pagos. Bitcoin es un mercado descentralizado que se extenderá por todo el mundo hasta llegar virtualmente a todas las personas. Lo único que un consumidor necesita para acceder al Bitcoin es una conexión a Internet estable. Naturalmente, también habrán otras cosas que un consumidor necesitará para poder minar adecuadamente, pero ya se han venido discutiendo en capítulos anteriores y las repasaremos en este capítulo.

1. *Conseguir monedas.* Existen muchas maneras con las que puedes conseguir monedas, y depende de ti cómo quieres obtenerlas. Por ejemplo, podrías comprar monedas si tienes el dinero suficiente para hacerlo; o si eres bueno con las matemáticas, podrías ganar monedas resolviendo ecuaciones matemáticas.

2. *Obtener un monedero Bitcoin.* No es necesario saber cómo funciona un computador de pies a cabeza ni nada sobre programación para comprender la necesidad de obtener una cuenta donde puedas almacenar tus monedas de forma segura. Hay mucho dinero en cada Bitcoin que un tercero no puede controlar, y este es uno

de las más grandes ventajas sobre el uso del Bitcoin. Sin embargo, muchas de las transacciones representarán millones y millones de dólares, y todo ese dinero atraerá a muchos hackers para intentar violar el sistema y robar el dinero de las cuentas. Por lo que, en vez de guardar todo tu dinero bajo el colchón, es más seguro que lleves tus Bitcoins contigo mismo, en lugar de confiar en alguna plataforma. Cualquiera de los monederos listados a continuación no necesita que un tercero tenga ningún tipo de acceso a tus monedas.

a. Monederos Móviles

    i. Jaxx

    ii. Airbitz

    iii. BitPay

    iv. Mycelium

b. Monedero Web

    i. Blockchain.info

c. Monedero Hardware

    i. Ledger

    ii. Trezor

d. Monederos Avanzados

    i. MultiBit

ii. Armory

3. *Conseguir tu propia dirección pública.* Una vez que selecciones el monedero que mejor se ajuste a tus necesidades, será hora de conseguir una dirección pública. Necesitas esperar alrededor de veinte minutos para recibir la confirmación donde se apunta que has completado los pasos correctamente. Después de recibir este correo, verás cómo algunas monedas han sido depositadas en tu monedero.

4. *Compra, regala, dona e invierte cada moneda que tengas en tu posesión.* El cielo es el límite en cuanto a lo que puedes hacer con todas tus monedas.

   a. Regala a un amigo algunas monedas para mostrarle cómo usar Bitcoin.

   b. Invertir con Bitcoin. Existen alrededor de veinte millones de monedas que fueron generadas con la blockchain, y el valor de cada moneda aumentará pronto. Como inversor, tendrás que mantenerte dentro de tu bloque y esperar a que el dinero llegue a ti.

   c. Puedes tomar tus monedas y convertirlas en tarjetas de regalo (*gift cards*) para sitios como Dell u Overstock. En algunas tiendas se aceptarán Bitcoins como pago directo, pero esto dependerá del lugar y país donde vivas, ya que no todas las tiendas se han ajustado al modelo de la moneda digital.

d. Finalmente, puedes donar algunas monedas porque de la misma forma que se pueden usar en una tienda, algunos sitios web te permitirán usar monedas como método de donación para que su sitio continúe funcionando.

Listo, ahora puedes comenzar a usar Bitcoin. Quizás aún no parezca tan simple porque hay muchos pasos que primero debes seguir, pero ahora vas a poder hacerlo.

Tendrás que acostumbrarte al funcionamiento de la plataforma y cómo funcionan las cosas antes de poder aprovechar completamente el uso de Bitcoin. Pero una vez lo hagas, será como cualquier cosa de uso diario. Hay un período de aprendizaje por el que debes pasar, y es probable que cometas algunos errores, pero solo debes asegurarte de superar esos errores antes de que sea demasiado tarde y el resultado sea perder tus Bitcoins. Siempre ten en cuenta los consejos de seguridad antes mencionados.

Una de las mejores cosas que puedes hacer es aprender de los errores de otras personas, así evitarás percances y ahorrarás tiempo.

# Capítulo 8:
# Hechos Concretos sobre el Bitcoin

En este capítulo del libro se discutirán algunos hechos y datos básicos sobre el Bitcoin. Aquí aprenderás datos interesantes y útiles sobre los inicios del Bitcoin, cómo ha crecido este sistema de moneda digital, y sobre cómo los Bitcoins han sido usados desde su creación.

1. *Ninguna entidad tiene control sobre la moneda:* en el caso del dinero tradicional, el banco tiene control sobre él y su valor aumenta o disminuye según el valor en el mercado, sin mencionar que no puedes tenerlo físicamente. Pero el Bitcoin es un caso diferente, simplemente desafía todo el concepto de la moneda tradicional. Todos los que usan la tecnología de Bitcoin están en control del mismo porque son capaces de validar las actividades de otros mineros en todo el mundo.

2. *Hay un número ilimitado de monedas:* este dato es en realidad falso. Solo porque no es algo impreso físicamente no significa que se genere un número infinito de monedas porque eso devaluaría progresivamente la moneda y ocasionaría que al final perdiese todo su valor. En realidad existen 21.000.000 monedas en la blockchain de Bitcoin.

3. *Los Bitcoins no tienen un valor fijo*: cada vez que consultes el precio del dinero tradicional, notarás que dice explícitamente cuánto es su valor. Excepto que el dinero tiene un valor porque así lo acordamos. A medida que el Bitcoin se convierta en una tecnología más y más popular, más valor tendrá cada Bitcoin.

4. *Todas las transacciones pueden verse*: una de las cosas más originales del Bitcoin es que su proceso es completamente transparente. Lo único que no será transparente es la información personal del minero. Podrás ver todo lo que está dentro de la blockchain de las transacciones que se completen, hasta el monto de cada una. Esto tiene la intención de instaurar un nivel de confianza y seguridad entre los miembros de la comunidad Bitcoin.

5. *Bitcoins:* tienes la posibilidad de minar Bitcoins con solo resolver ecuaciones matemáticas para luego verificar las transacciones en todo el mundo. Conseguirás monedas a cambio de resolver estos problemas y ecuaciones.

6. *Contracargos y pagos:* nadie puede forzarte a pagar con la plataforma de Bitcoin, y una transacción iniciada no puede retirarse. Por lo tanto, si envías Bitcoins a una compañía o empresa, no podrás anular la transacción y ellos no podrán facturar nuevamente.

7. *Enviar dinero:* como notarás, si envías dinero a alguien que se encuentra en otro país, hay algunos cargos y comisiones que se aplican para este tipo de transferencias. Además de eso, es probable que tu

amigo tenga que esperar unos días extra para que el dinero esté disponible. Pero en el caso de Bitcoin, no tienes que pagar ninguna de esas tarifas ni comisiones, y lo más importante, tu amigo puede tener acceso a los fondos al instante.

8. *Perder el monedero:* cuando se pierda un monedero, todos los Bitcoins dentro de él se pierden automáticamente, y sin posibilidad de recuperarlos. Debido a que la blockchain es anónimo, nadie puede hacer un reclamo sobre la autoridad de sus monedas, por lo que cada vez que se pierden Bitcoins, estas monedas salen de circulación permanentemente ya que cada Bitcoin tiene una llave única a la que está vinculado.

9. *Monedero digital:* de la misma manera que puedes iniciar sesión a tu cuenta bancaria en línea y revisar el saldo, puedes entrar a tu monedero digital para consultar tu balance en cualquier momento.

10. *Estudios con Bitcoin:* existen algunas universidades que ya permiten a sus estudiantes cancelar sus matrículas con Bitcoins, incluso si no se encuentran en los Estados Unidos. Países como el Reino Unido y Chipre están haciendo lo mismo y ofrecen una alternativa diferente a sus estudiantes.

11. *Bulevar de Bitcoin:* en los Países Bajos, ya existe un bulevar con un buen número de tiendas donde es posible adquirir productos y servicios usando Bitcoins. También existe un bulevar de este tipo en Ohio, Cleveland.

12. *La primera transacción con Bitcoin*: ya hay registradas 43.472.379 transacciones completadas exitosamente con Bitcoin desde su creación. Pero te puede parecer interesante saber que la primera consulta fue preparada por el mismo creador de la tecnología para Bitcoin, Satoshi Nakamoto, quien finalizó su primera transacción al enviar diez Bitcoins a Hal Finney en enero del 2009.

El Sr. Finney ha sido miembro de la comunidad de criptomonedas por mucho tiempo, y ha trabajado con PGP Corp durante bastantes años ayudando en la creación de uno de los más famosos sistemas de encriptación que puedes encontrar en la actualidad. Hal Finney lanzó uno de los primeros remailers anónimos que fue utilizado para cifrar correos electrónicos, y que ha sido usado como base en el movimiento Cypherpunk.

Hal Finney fue citado alguna vez diciendo:

"Cuando Satoshi anunció el primer lanzamiento del software, lo agarré de inmediato. Creo que fui la primera persona, después de Satoshi, en ejecutar Bitcoin [el cliente]. Miné en el bloque 70 y algo, y fui el destinatario de la primera transacción cuando Satoshi me envió diez monedas como prueba inicial. Tuve conversaciones por correo con Satoshi durante los siguientes días, la mayoría para informarle sobre errores y él buscando solucionarlos.

Unos días después, el Bitcoin [cliente] ya funcionaba con estabilidad, así que lo dejé trabajando. En aquellos tiempos la dificultad era básicamente ninguna, y podías encontrar bloques para minar con solo un CPU, ni siquiera se necesitaba un GPU. Miné varios bloques en los días siguientes. Pero luego lo apagué porque mi computador se estaba recalentando y el sonido constante del ventilador ya me molestaba. Mirando atrás, desearía haberlo dejado encendido por más tiempo, pero por otro lado, me sentí muy afortunado por haber estado allí, desde el principio. Es una de esas cosas que depende de cómo la mires: con el vaso medio lleno o medio vacío."

13. *La pizza del millón de dólares con Bitcoin:* en mayo del 2010, un minero de Bitcoins llamado Laszlo Hanyecz utilizó 10.000 BTC para pagar por dos pizzas, que solo tienen un valor de alrededor de treinta dólares.

# Capítulo 9:
# Haciendo del Bitcoin Algo Más Fácil de Usar

Como ya habrás notado, Bitcoin será una plataforma bastante difícil de comprender y manejar. Vas a tener que probar muchas alternativas y armarte de mucha paciencia para poder encontrar el grupo de minería adecuado y el monedero que te dará todo lo que estás buscando. Si no encuentras el monedero ni el grupo apropiado para todo lo que buscas y necesitas, entonces es mejor esperar un poco más e investigar hasta estar seguro al momento de elegir lo que más se ajuste a tus necesidades.

Cuando se trata de comprar o conseguir monedas, debes recordar no sobrepasar tus límites ni tus medios, incluso si eso representa tener que hacer compra y minería a la vez.

En este capítulo discutiremos algunas de las tantas cosas disponibles para ayudarte a simplificar un poco el uso de Bitcoin. ¡El propósito de estos trucos y consejos es hacer que el Bitcoin sea algo más fácil de usar para ti!

1. *Tener dos monederos separados.* No es necesario tener todas las monedas en el mismo monedero para poder usarlas. Tener una parte en un monedero para tus ahorros, y la otra en un monedero para todas tus transacciones es algo más sencillo y que proporciona

más protección contra los hackers. Lo mejor de Bitcoin es que no hay un límite de cuantos monederos puedes tener en tu poder. Para los hackers, no es una tarea difícil seguir los registros de las transacciones y descubrir qué monederos pertenecen a quién, pero sí será difícil que puedan hackear estos monederos y robar las monedas. También tienes la opción de distribuirlas en varios monederos y así no perderlas todas a la vez.

2. *Tus ahorros y monederos web pueden ser hackeados y se llevarán todas tus monedas, dejando las cuentas vacías.* Ya que no hay ninguna manera de demostrar que las monedas son realmente tuyas, significa que nunca podrás recuperarlas. Un monedero web, aunque es muy conveniente, debe usarse como una cuenta corriente. En otras palabras, necesitas tener un monedero web si planeas gastar tus monedas más temprano que tarde. Mientras más rápido las gastes, menos posibilidades habrá de que los hackers puedan llevárselas. Recuerda que el Bitcoin no funcionará como una tarjeta de crédito.

3. *Protege tu privacidad.* La llave privada que recibes será como un número PIN para el monedero, y nadie compartiría voluntariamente este número, entonces ¿por qué le darías alguien tu llave privada?

4. *El almacenamiento en frío es útil al punto de que no importa si almacenas tus monedas en un monedero o no.* Sin importar dónde guardes tus monedas, siempre estarán susceptibles a cualquier ataque. Las aplicaciones de monederos para Bitcoin guardarán los

datos en lugares que son tanto predecibles como vulnerables. Hay ataques que han sido reportados por consumidores de Bitcoin, y la mejor solución que vas a encontrar en línea es mantener tu llave privada a salvo y guardarla en un lugar fuera del internet. Cuando guardes tu llave desconectado del internet, se salvará como un código QR, y tendrás la oportunidad de imprimirlo en una hoja de papel o transferirlo a una memoria USB.

Cada vez que desees transferir Bitcoins de un monedero que has listado como 'sin conexión' para poder transferirlas a otro lado, tendrás que tener ese código a mano y escanearlo antes de ingresar la llave en los campos necesarios. Como una medida de seguridad extra, es recomendable cifrar la llave privada en caso de que un hacker llegue a tenerla. Solo debes asegurarte de nunca olvidar la contraseña del cifrado o todo se habrá perdido.

# Capítulo 10:
# Aprender de los Demás

Como se explicó antes, si conoces algunos de los errores que otras personas han cometido, podrás aprender de su experiencia y no tendrás que vivir la misma angustia y frustración de perder todas tus monedas.

Puede que ni siquiera pienses hacer algunos de estos errores que otros han cometido; no obstante, siempre es mejor conocerlos para que puedas evitarlos. Es algo difícil aprender de los errores que otros han cometido, pero es mejor estar al tanto de lo que sucedió a los demás en lugar de entrar a ciegas al mundo de los Bitcoins.

1. *Monederos para intercambio:* crear un monedero desde plataformas de intercambio es uno de los peores errores que puedes cometer en lo que respecta a transacciones de Bitcoins. Cuando seleccionas un servicio de terceros para almacenar tus monedas, te estás exponiendo a ataques de todo tipo y desde diferentes direcciones. Esto se debe a que cuando la plataforma de intercambio es hackeada o hace algo fraudulento, entonces no tendrás la opción de reclamar por tus monedas ni podrás recuperarlas. Por esta razón es mejor tener tu propio monedero de Bitcoin donde podrás recibir todas las monedas que consigas, o de lo

contrario podrías encontrarte con muchos problemas en el camino.

2. *Cambios de precio:* Debes recordar que los Bitcoins siguen siendo un tipo de moneda, incluso si están en el mundo digital, lo que significa que son de carácter volátil. Es muy normal ver cómo el precio del Bitcoin puede variar cientos de dólares en un solo día. Esto también es un indicativo de que no debes preocuparte si el precio baja. Tienes que pensar en las inversiones a largo plazo. El precio puede subir y bajar, pero la plataforma en sí siempre seguirá creciendo. Sin embargo, después de completar algunas transacciones, ya te habrás acostumbrado a las fluctuaciones de los precios y sabrás que no representa un problema mayor si el precio baja en un momento dado.

3. *Cambios en la moneda*: Existen múltiples criptomonedas con las que podrás invertir, y además, podrás hacer transacciones e intercambiar de una a otra, pero no todas las criptomonedas van a establecerse de la misma forma que el Bitcoin. Incluso el Ethereum no tiene la misma presencia en el mercado como el Bitcoin a pesar de que es una de las más grandes que ha aparecido desde la invención de la criptomoneda. Pero, ya que hay muchas criptomonedas disponibles, es posible que te sientas inclinado a probar de una a otra. Esto no es recomendable, porque esta es una manera de perder tus inversiones. La mejor opción es elegir una moneda e invertir solo en ella. Por supuesto, eso no significa que no puedas tener una cuenta para minar Bitcoins y otra para Ethereum. Sin

embargo, vas a querer hacer la menor cantidad posible de intercambios de una a otra.

4. *Educación:* ¡Nunca se sabe demasiado! Debes seguir buscando información sobre el Bitcoin porque es una plataforma en constante evolución. Siempre habrán nuevos consejos y datos sobre la plataforma que facilitarán su uso a largo plazo, de igual manera que habrá información falsa subida por personas con la intención de crear confusión y hacer que pierdas tus monedas. Aunque es fácil detectar este tipo de información, siempre hay alguien que cae en la trampa. Por lo tanto, si en algún momento tienes dudas sobre el siguiente paso a tomar y no estás seguro de si la información que lees es cierta o no, entonces es mejor comunicarte con algún experto en Bitcoin y consultar su opinión. O también puedes consultar un foro sobre Bitcoin y encontrar la respuesta por ti mismo.

# Capítulo 11:
# Las Estafas están en Todas Partes

Teniendo en cuenta la popularidad del Bitcoin, es algo muy fácil y común que las personas elaboren estafas y fraudes dirigidos a los consumidores para intentar robar el dinero de los usuarios de Bitcoin. No obstante, hay algunas estafas más peligrosas de las que debes cuidarte si no quieres convertirte en la siguiente víctima. Cuanto más conocimiento poseas sobre las estafas con las que te puedes encontrar, más preparado estarás para enfrentarlas.

1. *Esquemas Ponzi e inversiones muy rentables:* este tipo de estafas están hechas con la intención de atraer personas con la promesa de altas tasas de interés en los depósitos que realicen. Cualquier persona que invierte recibe un pago por cada inversor nuevo que se registra, y tan pronto dejen de unirse, los pagos dejan de realizarse y el esquema se viene abajo, dejando solo deudas y pérdidas. Estas estafas solo duran unos meses si tienen suerte, pero la gente tras ellas vuelve a repetir el proceso, incluso si es más adelante en el futuro.

2. *Estafas de inversión en minería*: una estafa de minería involucra la verificación de las transacciones para asegurar que hay algún tipo de seguridad para aquellos que usan el libro mayor público. Este tipo de proceso involucra pagar un pedido por adelantado de un equipo

de minería, pero que nunca vas a recibir. En este tipo de estafas se usa un computador caro y poderoso para mantener un seguimiento de todos los "pedidos" que se realizan.

3. *Estafas de monedero*: como se ha venido discutiendo en diferentes capítulos, un monedero requiere de algún tipo de software que te permitirá almacenar tus monedas. Las estafas de monedero normalmente sugieren a los consumidores que pueden hacer transacciones con mucho más anonimato. Para esto, debes transferir una cantidad de monedas en este monedero nuevo, y el estafador robará esas monedas y las transferirá a su propio monedero, y nunca podrás recuperarlas.

4. *Estafas por intercambio:* en este tipo de estafa, el estafador intenta atraer al consumidor ofreciendo una tasa de procesamiento de tarjetas de crédito que es mucho mejor y más rápida que la de los competidores. El intercambio solo se llevará a cabo de un lado, donde enviarás tus monedas pero no recibirás nada a cambio.

5. *Estafas de phishing:* en estas, las estafas comienzan al recibir un correo electrónico notificándote que acabas de ganar Bitcoins. Una vez que hagas clic en el correo, te pedirá ingresar la información de tu monedero y en lugar de recibir las monedas que esperas, estarás enviando tus monedas a la persona que envió la estafa.

## Cómo evitar las estafas

Es muy recomendable que estés seguro de la información que posees sobre las empresas que manejan Bitcoins. Deben ser empresas completamente transparentes sobre lo que ofrecen al consumidor. Si hay algo en sus esquemas de negocios o servicios que no puedes saber completamente ni lo que involucra su proceso, lo más probable es se trate de una compañía fraudulenta y debes mantenerte alejado de ella.

Siempre podrás encontrar auditorías públicas que te ayudarán a aclarar cualquier duda cuando se trata de garantizar que una empresa cumpla con todo lo que tienen para ofrecer. Se realizará una prueba de auditoría a las reservas para que una empresa se vea obligada a revelar públicamente sus Bitcoins en posesión (*holdings*).

Cuando tengas dudas, recuerda el viejo refrán: "si parece demasiado bueno para ser cierto, seguramente lo es". Cuando se trata de Bitcoins, debes asumir que se trata de dinero en efectivo, y en cierta manera lo es. Protégelo y mantenlo a salvo para que otros no puedan robarlo.

# Capítulo 12:
# Aclarando los Hechos

Teniendo en cuenta que la mayoría de las personas no entienden el Bitcoin en su totalidad, este nivel de desinformación trae consigo muchos mitos en un intento por comprender esta moneda digital. Sin embargo, con todas estas historias falsas y rumores, no solo es difícil para ti saber cuál es la verdad, sino que también puede crear temor al punto de que tratarás de alejarte del Bitcoin.

No obstante, este capítulo explicará algunos de los mitos más comunes que escucharás sobre Bitcoin. Debes saber toda la verdad sobre el Bitcoin o no vas a poder utilizarlo de manera efectiva. ¡Una vez que comprendas la verdad, esta plataforma de blockchain será más fácil de entender y de usar!

1. *No hay nada especial sobre el Bitcoin, simplemente es igual a cualquier otra criptomoneda que encontrarás en línea.*

   Habiendo dicho esto, eso  significa que el Bitcoin va a:

   a. Ser impreso a voluntad del consumidor.

   b. Las reglas arbitrarias podrán ser impuestas sobre los consumidores a través de controladores.

  c. Si el punto central es atacado, puede ser destruido.

Pero como el Bitcoin es un sistema descentralizado, puede solucionar todos estos problemas.

2. *El Bitcoin no puede solventar los problemas que el dinero fiduciario y el oro no pueden resolver.*

Aunque el oro es genial, el Bitcoin va a ser:

  a. Fácil de granular

  b. Fácil de transferir.

  c. Fácil de verificar

  d. Y puede mantenerse seguro con la misma facilidad.

Las monedas fiduciarias también tendrán una diferencia significativa al Bitcoin, al igual que en cómo se originan:

  a. No está basado en deudas

  b. Predecible, aunque con un suministro limitado

  c. No puede ser controlado por una autoridad o figura central

Y ya que se trata de un sistema fiduciario electrónico, los Bitcoins demostrarán que pueden ser:

  a. Más económicos al ser transferidos.

    b. Permanecerán anónimos para los consumidores

    c. Rápidos en tiempos de transferencia

    d. Y no se congelarán

3. *Varias entidades podrán hacer cambios a las funciones y características del Bitcoin para beneficiarse a sí mimas.*

Mientras la economía del Bitcoin permanezca dentro de un modelo de monederos bajo nodos, entonces estas funciones no podrán ser modificadas. Las transacciones son permanentes y no podrán ser prohibidas mientras un grupo de mineros tenga más del 50% del hash, y todas las transacciones tengan el número correcto de confirmaciones.

El Bitcoin necesita que algunas de sus principios permanezcan para continuar siendo una buena alternativa a las monedas convencionales, tales como:

    a. No se pueden violar ninguna de las reglas establecidas para asegurarse de que el sistema funcione correctamente.

    b. El dinero no puede crearse de la nada.

    c. La misma moneda no puede gastarse dos veces.

    d. Las monedas no pueden usarse para pagos sin la llave privada del consumidor.

Estas cuatro reglas son lo que definen la naturaleza del Bitcoin. El software de nodo es lo que confirmará que estas reglas del Bitcoin se apliquen como debería ser. Si una transacción rompe alguna de estas leyes, entonces no ha sido llevado a cabo dentro de la blockchain, por lo que termina siendo rechazada y no se finaliza.

4. *Hay un poder de procesamiento que respalda al Bitcoin.*

Pensar que no existe ningún poder de procesamiento detrás del Bitcoin es una mentira. La moneda se respalda cada vez que se vincula a algo más dentro de una parte central y con una tasa individual de intercambio, pero no es posible usar Bitcoins e intercambiarlos por la potencia informática que se usa en la creación (minado) de estas monedas. Debes pensar en el Bitcoin como si fuese oro: este mineral tampoco está respaldado por nada. La moneda del Bitcoin se genera a través del poder del procesamiento, y su integridad estará protegida por una red que ya existe en la plataforma.

5. *Los Bitcoins son inútiles porque no están respaldados por nada.*

El razonamiento de algunas personas es, por ejemplo, que nada respalda el valor del oro. Pero las características innatas del Bitcoin garantizan que a través del sistema las personas puedan asignar un valor subjetivo a las monedas. La valoración del Bitcoin estará demostrada por un individuo que es libre de intercambiar o hacer transacciones por o con Bitcoins.

6. *El valor del Bitcoin estará basado en el gasto eléctrico y el poder de procesamiento del computador usado en el proceso de minería.*

Este tipo de afirmación siempre será aplicada al momento de teorizar sobre el valor de la moneda. La mayoría del tiempo, esta teoría se aceptará como falsa. Solo porque un conjunto de Bitcoins se lleve muchos recursos para poder generarse no significa que ese sea el valor real de las monedas. Pueden valer mucho menos o mucho más, según la utilidad que los consumidores le den.

Con más razón vemos que la causalidad terminará funcionando a la inversa según lo que esta teoría explica. El costo de minar Bitcoins dependerá del precio de la moneda. Si su valor sube en el mercado, entonces más personas desearán minarlas, lo que hará más difícil poder hacerlo y, como resultado, el costo de minar también incrementará. Lo opuesto ocurrirá cuando el valor de las monedas baje. Esta correlación termina por equilibrar el efecto que la minería puede causar de manera que el valor siempre será proporcional al valor de la moneda.

7. *El Bitcoin no tiene valor intrínseco.*

Lamentablemente, esto no se completamente cierto ni falso. Cada Bitcoin permitirá a su propietario la capacidad de insertar cantidades grandes en transacciones cortas, que sucederán en un nivel de distribución global y cuya fecha y hora estarán registradas permanentemente dentro de los datos almacenados, como sucede en la blockchain. Ningún tipo de dato almacenado será parecido al registrado sobre tu transacción. Pero sí habrá una especie de intercambio entre el número de mensajes que se crean con cada transacción, y qué tan rápido son insertados al blockchain. En diciembre del 2013, era algo válido afirmar que un solo Bitcoin implicaría alrededor de mil mensajes que serían insertados a la plataforma y tomaría alrededor de diez minutos después de iniciar la transacción. Por esta razón, una tarifa de 0,001 BTC era suficiente para que la transacción fuera verificada. El mensaje que se insertaba tendría un valor intrínseco que se usaría para comprobar la propiedad del documento dentro de la transacción. En todos los casos que observes servicios electrónicos de autenticados bajo notaría, se cobran diez dólares por registro, lo que resulta en un valor intrínseco de 10.000 dólares por cada Bitcoin.

También encontrarás otros productos tangibles con un valor intrínseco, y ese valor generalmente será menor que el precio comercial. Tomemos nuevamente el oro como ejemplo. Si no es usado como prueba de inflación en reservas de valor, sino que solo se usa para fines industriales, entonces nunca alcanzará el mismo valor que tiene hoy en día, ya que los requisitos industriales para esa pieza de oro serán más pequeños que el suministro que está actualmente disponible.

Sin importar el evento que esté sucediendo en la actualidad, desde un punto histórico, el valor intrínseco y otros atributos se usarán para ayudar a establecer los productos básicos como medios para el comercio, pero no será un requisito previo obligatorio. En este sentido, los Bitcoins carecen de valor intrínseco, pero lo compensarán al poseer otras cualidades necesarias para que sea un buen medio para el comercio.

8. *El Bitcoin no es una moneda de curso legal. Por lo tanto, su uso es ilícito.*

En marzo de 2013, la Red de Control de Delitos Financieros de los Estados Unidos (FinCEN) estableció algunas pautas nuevas enfocadas en la moneda virtual descentralizada, específicamente el Bitcoin. Bajo estas nuevas pautas, "un consumidor de moneda virtual no es una Negocios de Servicios Monetarios bajo las regulaciones de FinCEN y por lo tanto no está sujeto a las reglamentaciones de registro, reporte y mantenimiento de registros del NSM (MSB, en inglés)". Por lo que cuando un minero extrae monedas para uso personal, no tiene la necesidad de registrarse como un MSB.

Por lo general, siempre habrá muchas monedas que no contarán con el respaldo del gobierno. Cuando lo piensas detenidamente, las monedas no son más que una unidad de cuenta. Habrá leyes nacionales que serán diferentes de país a país, y es necesario saber qué dice la jurisdicción de tu país sobre el comercio de mercancías como la moneda digital.

9. *El Bitcoin causará terrorismo nacional debido a que solamente afectará la estabilidad económica de los EE.UU. y su moneda tradicional.*

Cuando revisas cómo definen los Estados Unidos al terrorismo, lo primero que notarás es que debes cometer actos violentos con propósitos ilícitos para ser considerado un terrorista. Ya que el Bitcoin no es algo nacional ni doméstico para ningún país, ya que está disponible para una comunidad en todo el mundo, nunca será algo ilícito. Además, no lo usarás para actividades ilegales, por lo que no hay nada de qué preocuparse. De cualquier forma, los Bitcoins ayudarán a promover la economía porque siempre habrá aquellos que deseen comprar monedas utilizando su propia moneda local (por ejemplo, dólares).

10. *El Bitcoin permitirá a los evasores de impuestos seguir operando fuera de la ley.*

Cuando una transacción de efectivo se completa, tendrá el mismo nivel de anonimidad, pero se pagarán impuestos sobre la misma. Tú eres el único responsable de garantizar que cumples con las leyes de tu país y estado relacionadas con el Bitcoin, o tendrás que enfrentarte a las consecuencias que implican romper esas leyes.

# Capítulo 13:
# Preguntas Frecuentes Sobre el Bitcoin

*1. ¿Puede utilizarse el Bitcoin para actividades ilícitas?*

En vista de que el Bitcoin es dinero, y el dinero ha sido usado para actividades legales e ilegales a lo largo de la historia, entonces técnicamente sí. Sin embargo, las medidas de seguridad del Bitcoin contra el crimen y uso no autorizados del dinero son mucho mejores que las de cualquier banco o tarjeta de crédito. El Bitcoin ha creado sistemas novedosos de pago, y estos sistemas tienen más beneficios que inconvenientes.

El Bitcoin fue diseñado para hacer dinero de una manera más segura y para actuar como una protección contra los delitos financieros. Por ejemplo, los Bitcoins no pueden ser falsificados. El consumidor siempre estará en control total de sus pagos, y nunca habrá algún tipo de cargo al azar que aparece en la cuenta, como sucede con algunas tarjetas de crédito.

Algunas de las grandes preocupaciones son que el Bitcoin pueda ser llamativo para organizaciones criminales y utilizarse en pagos que no solo son privados, sino también irreversibles. No obstante, lo que la mayoría de las personas no sabe es que esas mismas características y desventajas pueden suceder con el dinero en efectivo y las transferencias bancarias. El Bitcoin está sujeto a regulaciones que son muy parecidas a aquellas que ya se aplican en sistemas financieros vigentes.

2. *¿Tiene acaso el Bitcoin la opción de ser regulado?*

El protocolo que sigue Bitcoin nunca podrá ser modificado a menos que todos los consumidores estén de acuerdo para tomar las decisiones. Si algún derecho especial se asigna a una autoridad local para gobernar las reglas de la red del Bitcoin, entonces esto resultaría en una catástrofe para el sistema, porque iría en contra de su sentido práctico original.

Las organizaciones más lucrativas podrían invertir en hardware poderoso para minar, y de esta manera controlar la mitad del poder de cómputo de la red, con lo que lograrían tener poder suficiente para bloquear o revertir cualquier transacción que se haya hecho recientemente. Aún así, no habría garantía de que pudieran mantener este poder ya que se necesitaría algo mayor a lo que representan todos los otros mineros dentro de la blockchain de Bitcoin.

De cualquier forma, la posibilidad de regular el Bitcoin aún existe. El Bitcoin tiene la opción de ser utilizado para un gran número de cosas, y algunas de esas actividades podrían considerarse ilícitas de acuerdo a la ubicación del minero y las leyes que apliquen en esa jurisdicción. El Bitcoin no debe ser visto de ninguna otra forma que no sea como una herramienta, sujeta a regulaciones del área o lugar desde donde sea usada.

Las leyes limitantes pueden hacer que el Bitcoin sea difícil de usar, al igual que entorpece el proceso para determinar el porcentaje de consumidores que planean continuar usando la plataforma. Además, el gobierno puede decidir que pueden prohibir el Bitcoin para prevenir que negocios y empresas domésticas y sus mercados se trasladen a otros países. El mayor reto será crear soluciones que serán efectivas y eficientes, sin perjudicar el crecimiento de los nuevos mercados y negocios que están comenzando a ganar prominencia gracias al Bitcoin.

3. *¿Está el Bitcoin sujeto a impuestos?*

Ya que el Bitcoin no es dinero fiduciario, es posible que no debas pagar ningún impuesto por usarlo. Pero recuerda que hay muchos procesos legales en este momento que podrían imponer impuestos sobre el Bitcoin.

4. *¿Qué es la protección al consumidor de Bitcoin?*

Bitcoin permite a las personas desligarse del banco tradicional y aprender a completar transacciones y negocios por su propia cuenta. Cada consumidor tendrá la opción de enviar y recibir pagos de formas parecidas al dinero en efectivo, pero se harán por medio de contratos que son un poco más complicados que simplemente manejar dinero. Existen un número de firmas necesarias para que la transacción sea aceptada y solo se llevará a cabo si un número en particular de personas permite que la transacción sea firmada. Este sistema permite que se puedan mediar las disputas en caso de presentarse, y que se pueda interceder en transacciones futuras.

Estos servicios también permitirán que terceros aprueben o rechacen las transacciones en el caso de que exista un desacuerdo entre las partes involucradas, pero el tercero no tendrá ningún control sobre el dinero que se encuentra en medio de la disputa. A diferencia del dinero en efectivo y otros métodos de pago, el Bitcoin dejará una prueba pública de que la transacción sí se llevó a cabo, lo que brindará más transparencia en el caso de negocios y empresas que sean expuestas por sus costumbres y métodos fraudulentos.

También debes tener en cuenta que los comerciantes, por lo general, dependen de su reputación pública para poder mantenerse en el negocio y pagar a sus empleados, pero no tendrán acceso a la misma información cuando se trata de negociar con clientes nuevos. El Bitcoin permitirá que individuos y empresas estén protegidos en casos de contracargos fraudulentos, al igual que ofrecer al consumidor la opción de solicitar mayor protección cuando se trata de un comerciante que en particular no sea de confianza.

5. *¿Qué determinará el precio de los Bitcoins?*

El precio siempre estará decidido por la oferta y demanda de Bitcoins. Cada vez que suba el mercado, el precio también lo hará; cuando baje, el Bitcoin también bajará. Siempre habrá un número limitado de Bitcoins en producción, y las nuevas monedas se generarán a un ritmo que no solo es cada vez más lento sino también predecible. Esto significa que la demanda estará dictada por el nivel de inflación para intentar mantener el precio estable. Ya que el Bitcoin aún es un mercado pequeño, no se necesita mucho dinero para mover el mercado de una dirección a otra, razón de que el precio de los Bitcoins siga siendo volátil hasta la fecha.

6. *¿Pueden los Bitcoins perder todo su valor?*

Sí. A lo largo de la historia, podemos encontrar muchísimos casos de monedas que fracasaron, y ahora están en completo desuso. Solo porque otras monedas hayan fracasado, en su mayoría debido a la hiperinflación, no significa que esto sucederá con el Bitcoin. Pero es cierto que fallas técnicas pueden ocurrir en el proceso. Una regla general es que ninguna moneda está completamente a salvo de fallas. Aunque el Bitcoin ha demostrado su estabilidad desde el inicio, aún hay mucho espacio para que crezca en el mercado o falle. Nadie sabe qué le depara en el futuro al Bitcoin.

7. *¿Es el Bitcoin una burbuja?*

Solo porque el precio se dispare rápidamente no significa que haya una burbuja. Cuando una sobrevaloración artificial ocurre, será acompañada de una corrección inesperada donde habrá una baja, lo que podría constituir un fenómeno de burbuja. Habrá decisiones basadas en la acción de una persona, y a medida que más mineros tomen decisiones, más fluctuará el precio y ocasionará revuelo y participación en el mercado, tratando de descubrir alguna inversión provechosa. Siempre habrá razones para que estos cambios sucedan, que pueden ocasionar que los mineros pierdan confianza con respecto al Bitcoin.

Una de las más grandes disparidades ocurre entre el precio y el valor, el cual no estará basado en los fundamentos de la economía, sino en el aumento de la cobertura de la prensa (exposición), lo cual, por su parte, estimulará la demanda, ocasionando una sensación de incertidumbre y promoviendo la codicia.

8. *¿Es el Bitcoin un esquema Ponzi?*

Dado que un esquema Ponzi se trata de una operación basada en inversiones fraudulentas, los pagos deben dirigirse a los creadores de la estafa. Los esquemas Ponzi están hechos para colapsar cuando el último inversor abandona el sistema, o cuando ya no haya inversores nuevos.

El Bitcoin no tendrá una autoridad central, lo que significa que nadie estará en la posición de cometer actos fraudulentos sobre cómo las inversiones son devueltas. Al igual que cualquier otra moneda importante, nada puede asegurarte que obtendrás un poder de adquisición mientras la tasa de intercambio fluctúe libremente. Esta es la razón de la volatilidad de los poseedores de Bitcoins, y este factor hará que ganen dinero o lo pierdan a un ritmo impredecible.

9. *¿Y qué pasa con los primeros usuarios de Bitcoin?*

Aquellos considerados como los primeros usuarios ya tienen un número importante de monedas porque asumieron responsabilidades e invirtieron su tiempo y recursos en una tecnología que aún no se había probado y apenas tenía usuarios. No solo eso, sino que también era más difícil garantizar la seguridad del sistema en aquel entonces. Por lo que muchos de estos primeros consumidores tomaron sus monedas y gastaron una gran parte de ellas antes de que se volvieran valiosas, o simplemente compraron pequeñas cantidades y no percibieron muchas ganancias. No hay ninguna promesa de que el precio va a aumentar o disminuir. Esto es algo similar a cuando se hace una inversión inicial, donde se perciben ganancias o nunca se logra nada. Si bien el Bitcoin aún se considera en una etapa inicial, podrás notar que está diseñado para permanecer a largo plazo. Esto hace que sea difícil imaginar cuán menos parcializado fue el programa en aquel momento para los primeros usuarios y para los consumidores actuales, quienes podrían ser o no ser los nuevos primeros usuarios del mañana.

# Conclusión

Muchas gracias por finalizar la lectura de *Bitcoin*. Espero que haya sido informativo y te haya dado suficientes herramientas y consejos para alcanzar tus objetivos, sin importar los que sean.

El siguiente paso es registrar tu cuenta en la blockchain y empezar a invertir con Bitcoin.

Con un poco de suerte, podrás conseguir una ganancia decente con la minería o la inversión en Bitcoin, y así no perder tu tiempo ni tu dinero. Pero no olvides que invertir y minar son tareas difíciles cuando se trata de Bitcoins. Por lo tanto, no te desanimes si no te haces rico con Bitcoin, porque los chances de lograrlo son muy bajos. Sin embargo, este método puede ser una excelente inversión financiera.

Para finalizar, si este libro fue útil para ti de alguna manera, ¡entonces te agradecería mucho que escribieras una reseña en Amazon!

¡Muchas gracias, y buena suerte!

THANK YOU! ☺

Para finalizar, si este libro fue útil para ti de alguna manera, ¡entonces te agradecería mucho que escribieras una reseña en Amazon!

## Revisa Mis Otros Libros

A continuación encontrarás algunos de mis más populares libros en Amazon y también en Kindle. Simplemente haz clic en los siguientes enlaces para verlos. También puedes visitar mi página de autor en Amazon para ver otros trabajos de mi autoría.

# Ethereum

*Una Guía Completa para Conocer Ethereum y Cómo Hacer Dinero Con Él*

**Mark Smith**

veraz de los hechos y, por lo tanto, cualquier descuido, uso correcto o incorrecto de la información en cuestión por parte del lector será su responsabilidad, y cualquier acción resultante estará bajo su jurisdicción. Bajo ninguna circunstancia el editor o el autor original de este trabajo podrán ser responsables de cualquier adversidad o daño que pueda recaer sobre el lector luego de seguir la información aquí descrita.

Además, la información contenida en las páginas siguientes solo tiene fines informativos, y por lo tanto, debe considerarse de carácter universal. Como corresponde a su naturaleza, el material se presenta sin garantía con respecto a su validez o calidad provisional. Las marcas registradas encontradas en este texto son mencionadas sin consentimiento escrito y, bajo ningún motivo, puede considerarse como algún tipo de promoción por parte del titular de la marca.

# Tabla de Contenido

# Introducción

En la actualidad, parece que cada vez que encendemos el computador hay un anuncio o algún tipo de feed sobre Ethereum o su moneda digital: el Ether. Muchas personas ya han escuchado algo sobre Ethereum y su criptomoneda, pero pocas personas entienden lo que Ethereum realmente es. Este libro electrónico está escrito con la finalidad de responder todas tus preguntas sobre qué es Ethereum y cómo funciona.

Ethereum fue creado por un joven adolescente ruso-canadiense con el nombre de Vitalik Buterin. En pocas palabras, se trata de una blockchain en la que los desarrolladores pueden crear un tipo particular de aplicación (programa) conocida como 'aplicación descentralizada' (*descentralized app*), o simplemente DApp. Lo que es realmente genial de esta aplicación es el uso de algo llamado contrato inteligente (*smart contract*), un contrato escrito en código que se aplica sin la necesidad de un intermediario. El Ether es la moneda utilizada para sustentar la red Ethereum.

Este libro electrónico te orientará sobre los pasos básicos que debes seguir para entrar al mundo de Ethereum. Los primeros capítulos tratarán de explicar en detalle qué es Ethereum y qué son los contratos inteligentes. Luego se discutirá la tecnología de la blockchain y cómo es usada en la red Ethereum. Seguido de esto, abordaremos dos términos de Ethereum: 'Gas' y 'Ether', y cómo funcionan. Luego continuaremos con una explicación sobre las aplicaciones ejecutadas en Ethereum que te ayudará a formar una idea sobre las diferentes aplicaciones (apps) que son más adecuadas para esta plataforma. Finalmente, se discutirán algunas ideas sobre cómo hacer dinero con Ethereum.

Si estás preparado para conocer lo que Ethereum realmente es y cómo hacer dinero con él, ¡entonces este libro es justo lo que necesitas!

# Capítulo 1:
# ¿Qué es Ethereum?

## Vitalik Buterin y la Creación de Ethereum

Vitalik Buterin nació en Kolomna, una ciudad cerca de Moscú, Rusia, en 1994. Su padre era programador y su madre era analista de negocios. Cuando tenía seis años, su familia se mudó a Canadá en busca de oportunidades de empleo y una mejor vida. Desde pequeño, Buterin descubrió rápidamente su interés en las matemáticas y sus aplicaciones en la programación; de hecho, él era un genio matemático. Podía hacer grandes sumas en su cabeza con una increíble velocidad, algo que no solo la mayoría de los niños pequeños, sino también los adultos, tienen dificultades para hacer.

Cuando Bitcoin se lanzó al mundo por primera vez en 2009, Buterin tenía solo 15 años. Dos años después, cuando el Bitcoin apenas percibía algo de tracción, su padre le explicó de qué trataba. Se convirtió en el cofundador de la revista *Bitcoin Magazine*, y también fue uno de sus principales escritores adjuntos; permaneciendo como miembro del equipo de publicación hasta mediados de 2014. También escribió sobre Bitcoin en otras publicaciones, incluyendo publicaciones académicas, y otras evaluadas por sus pares en la revista *Ledger* donde se discute información sobre blockchain y criptomonedas.

En el 2013, Buterin, con apenas 19 años, asistió a una conferencia sobre criptomonedas en San José. Mientras que algunos consideraban que la criptomoneda era otra empresa de internet a la que esperaban auge y decadencia, Buterin vio el movimiento como algo real y quería ser parte de él. Estaba asistiendo a clases en la Universidad de Waterloo, pero abandonó los estudios para dedicarse al mundo de Bitcoin.

Cuando Buterin regresó a su casa en Toronto, escribió un libro blanco sobre una nueva idea para la blockchain, que bautizó con el nombre de Ethereum. En junio de 2014, recibió la Beca Peter Thiel de $100.000 que utilizó para desarrollar su proyecto Ethereum.

La idea se hizo famosa de inmediato y fue todo un éxito. Ethereum se convirtió rápidamente en una alternativa a Bitcoin, y Buterin apareció en la revista Fortune dentro de la lista de 40 empresarios y ejecutivos menores de 40 años.

## La plataforma Ethereum

Ethereum es una plataforma de código abierto (*open source*) construida utilizando la tecnología y modelo blockchain (para saber más información sobre qué es la blockchain y cómo funciona, revisa el contenido del siguiente capítulo). Esta plataforma permite a individuos, empresas y otras entidades que puedan desarrollar sus propias aplicaciones descentralizadas.

*DApps.* Se trata de una aplicación descentralizada, abreviada como DApp, y es un concepto nuevo que funciona de manera diferente a las aplicaciones tradicionales, tales como Gmail o la mayoría de los sitios y plataformas web para la banca en línea. Estas aplicaciones tradicionales son centralizadas, lo que significa que están conectadas a un servidor principal del cual dependen. Si ese servidor principal colapsa, toda la red dejará de funcionar. Además, el servidor actúa como una especie de "intermediario", donde todas las transacciones deben pasar por él para ser procesadas. Debido a que una DApp es descentralizada, no depende de un servidor principal para procesar las transacciones. En su lugar, está desarrollada bajo un código abierto, lo que significa que cualquier persona puede acceder al código. Además, ninguna persona puede tener una acción mayoritaria en la aplicación, por lo que cualquier cambio que se realice debe someterse a un consenso popular y aprobarse por los usuarios de DApp.

Según el libro blanco publicado por Vitalik Buterin sobre Ethereum, una DApp debe cumplir con cinco condiciones. Debe: A) ser de código abierto y autónoma, para que ninguna persona o entidad pueda controlar la mayoría de la plataforma, B) permitir cambios de protocolo que sean aprobados por todos los usuarios, C) almacenar toda su información en una blockchain pública, D) usar una criptomoneda generada por la misma blockchain en la que opera DApp (lo que significa que una DApp creada en la blockchain de Bitcoin, debe operar usando Bitcoins; y una DApp creada en la blockchain de Ethereum, debe operar usando Ether), y E) debe generar tokens de criptomonedas utilizando un algoritmo predeterminado.

Un ejemplo de DApp es la plataforma Alice.SI, que responsabiliza a las organizaciones benéficas de tener un impacto verdadero al realizar el trabajo de beneficencia que dicen hacer. La DApp funciona a través de contratos inteligentes (ver el capítulo siguiente para conocer más sobre los contratos inteligentes) para garantizar que las donaciones a organizaciones benéficas solo se procesen si la honestidad de la organización benéfica ha sido demostrada y cumplen con el trabajo que prometen. Otra DApp es Coakt, que ha llevado al crowdfunding (también llamado financiamiento colectivo) más allá de recaudar dinero, para también promover el talento y la tecnología, apoyando las ideas y sueños de diferentes personas en el mundo. Para tener acceso total a muchas DApps y utilizarlas en todo su potencial, los usuarios deben usar un explorador compatible con Ethereum, como el explorador Mist.

Las DApps tienen sus propias ventajas en comparación a las aplicaciones tradicionales, y algunos incluso las han catalogado como el siguiente paso en la evolución de la tecnología informática. Una ventaja muy importante es que, como no hay presencia de un servidor centralizado al que se conecten las DApps, no existe un punto central de falla; en otras palabras, si un servidor al que se conecta la DApp falla, hay muchos otros servidores que permitirán su funcionamiento. Otra ventaja es que las aplicaciones son criptográficamente seguras gracias a la plataforma blockchain. Por lo tanto, están intrínsecamente protegidas contra la piratería y otras actividades fraudulentas.

Hay tres tipos principales de DApps, y cada tipo tiene sus propios subtipos. El primer tipo de DApp tiene su propia blockchain. Como ejemplos, podemos encontrar plataformas como Bitcoin, Ethereum, Litecoin, Lysk y otras plataformas que operan con sus propias criptomonedas. El segundo tipo de DApp está desarrollada en una blockchain y se ejecuta de manera similar a cualquier software. Se ejecuta bajo sus propias reglas y protocolos, y usa los tokens de la blockchain en la que está integrada. El tercer tipo de DApp tiene como base el segundo tipo de DApp para desarrollar un tipo de software más especializado. Cada tipo de DApp tiene un propósito y una contribución diferente para las personas que la utilizan.

En su libro blanco, Buterin propuso tres tipos de DApps que serían sustentados por la plataforma Ethereum. El primer tipo impulsaría las aplicaciones financieras y proporcionaría a los usuarios formas sin intermediarios para administrar su dinero y procesar transacciones. Por ejemplo, monederos de ahorro, intercambios de criptomonedas, testamentos e incluso algunos contratos de trabajo. El segundo tipo sería para aplicaciones semi-financieras, donde se podría intercambiar dinero, pero la mayoría de lo que está involucrado en este tipo de aplicación no sería monetario. El tercer tipo es lo que Buterin llamó "Aplicaciones para Gobernabilidad" y se refiere a las aplicaciones que no involucran ningún tipo de transacción financiera. Estas aplicaciones pueden usarse para funciones como votar en elecciones gubernamentales y estimular la instauración de gobiernos descentralizados.

En muchos sentidos, las DApps todavía están en una etapa de desarrollo inicial. Es un concepto que todavía es evaluado por los programadores, y algunos innovadores están explorando nuevas formas de aprovechar esta tecnología para impulsar una revolución sobre cómo la informática puede ser más segura y confiable en esta era digital y de la información. Las aplicaciones para auspiciar el voto en línea todavía están muy lejos de implementase, y el público en general no está completamente al tanto de lo que son las DApps y cómo pueden ser más funcionales que las aplicaciones tradicionales. Es muy probable que, a medida que Ethereum gane más tracción y reconocimiento en el ámbito global durante los próximos años, todo el potencial de las DApps se explore a profundidad.

*DAOs.* Buterin también previó que Ethereum posibilitaría y apoyaría la creación y el uso de DAO. Una DAO (en inglés *Decentralized Autonomous Organization*) es una Organización Autónoma Descentralizada que puede utilizarse para manejar transacciones financieras sin ningún intermediario ni abuso de confianza. En lugar de ser una compañía física de ladrillo y cemento, se trata de una organización digital que está completamente integrada en el código de la computadora.

Las DAO son algo muy difícil de definir porque pueden existir en un montón de formas diferentes. No obstante, como principio general, funcionan como libros mayores digitales que están marcados con el tiempo integrado a una blockchain. Por lo tanto, son virtualmente imposibles de modificar y sus protocolos deben cumplirse en su totalidad. Para más información sobre cómo funciona esto, revisa la sección Contratos Inteligentes y el capítulo sobre Blockchain.

'*The DAO*' fue un modelo empresarial diseñado para aprovechar el uso de DAO y fue desarrollado en la blockchain de Ethereum en 2016. Sin embargo, un error dentro del código utilizado para crearla fue abusado por piratas, y $55 millones de dólares fueron robados de la plataforma. Como medida preventiva, Ethereum creó un *hard fork* (en español, bifurcación intencionada)*,* una versión nueva para su plataforma con el fin de ayudar a restablecer la viabilidad de la blockchain y recuperar el dinero.

*Contratos Inteligentes.* Los contratos inteligentes (*smart contracts*) son un concepto introducido por Nick Szabo en 1996. Uno podría decir que Nick Szabo, relativamente, diseñó el concepto de la criptomoneda diez años antes de que Satoshi Nakamoto creara el Bitcoin en 2008-2009, y algunos creen que en realidad Szabo y Nakamoto son la misma persona. Los contratos inteligentes son, de alguna manera, una extensión o evolución natural de la tecnología blockchain que se utilizó para crear Bitcoin, y luego Ethereum. De hecho, los contratos inteligentes son usados en gran medida para facilitar las transacciones con criptomonedas.

Un contrato inteligente es un protocolo de computación que está destinado para crear y hacer cumplir la ejecución de transacciones financieras y de otro tipo. Es muy parecido a una DAO en muchos aspectos. Cuando las partes involucradas acuerdan firmar un contrato inteligente, los términos del contrato se integran como parte de un bloque en la blockchain. Este bloque tiene una marca de tiempo, y ya que más bloques son agregados uno tras otro a la blockchain, volver atrás para cambiar retroactivamente las condiciones del contrato inteligente es imposible (para más información sobre cómo funciona la blockchain, revisa el capítulo sobre Blockchain más adelante). Además, ese bloque puede ser consultado por el público; en lugar de necesitar un intermediario, como una especie de servicio de fideicomiso, asegurando que los términos y condiciones del contrato se cumplan, mientras toda la plataforma de usuarios en la blockchain sirve como testigos de la veracidad del contrato. Sin embargo, las identidades de las personas involucradas en el contrato permanecen en el anonimato. Cuando ambas partes hayan finalizado con sus tareas y se cumplan los términos del contrato, el contrato inteligente liberará lo que se haya retenido según el acuerdo.

Por ejemplo, imagina que Bob y Joe quieren intercambiar Bitcoins. Bob solo tiene un Bitcoin que quiere vender por 4.000 dólares, y Joe acepta comprarlo a ese precio. Se procede a entrar en un contrato inteligente, y según los términos y condiciones del mismo, ambos tienen un día (exactamente 24 horas, en cuyo momento expirará el contrato inteligente) para finalizar la transacción. Bob entonces transfiere el Bitcoin a la cláusula del contrato inteligente, y Joe transfiere los 4.000 dólares. Al pasar las 24 horas, y dado que ambos cumplieron con las condiciones, el contrato inteligente libera los 4.000 dólares para Bob, y el Bitcoin para Joe.

En muchos sentidos, los contratos inteligentes son la máquina que permite el funcionamiento de la plataforma Ethereum. Su naturaleza confiable y la total anonimidad resultan llamativas para las personas y hace que consideren Ethereum; además, muchas DApps en la red Ethereum funcionan en gran parte por medio de contratos inteligentes.

## Ethereum vs Bitcoin

Ethereum ha sido descrito por algunos como el competidor de Bitcoin. Y se entiende la razón: su token digital, el Ether, se disparó en su valor por más de 4000%, ¡y solo en el primer semestre de 2017! El Bitcoin ha dominado durante mucho tiempo el mundo de las criptomonedas, y también experimentó un crecimiento acelerado durante el 2017. Aún así, muchos creen que el valor del Ether podría superar el del Bitcoin en los próximos años.

Existen diferencias claves entre Ethereum y Bitcoin. El concepto de Satoshi Nakamoto del Bitcoin fue el estímulo y motivación tras la invención de la tecnología blockchain, y Vitalik Buterin trabajó arduamente junto a la comunidad Bitcoin antes de crear Ethereum. La diferencia más grande es que, originalmente, el Ethereum no fue diseñado para la creación, distribución ni facilitar el acceso a la criptomoneda Ether. En cambio, fue diseñado para permitir a las entidades desarrollar DApps mediante la tecnología blockchain. El Ether fue introducido para ayudar a la ejecución e implementación de las DApps (para más información sobre el funcionamiento de Ether, revisa el capítulo 'Gas y Ether'). Por su parte, el Bitcoin no fue creado para sustentar una plataforma, sino exclusivamente para funcionar como una moneda digital (criptomoneda). En otras palabras, Ethereum es una plataforma para programas informáticos, mientras que Bitcoin es exclusivamente una criptomoneda. Lo que lleva a la siguiente conclusión: el Ether está conectado a un "producto" real, mientras que el Bitcoin existe completamente de forma autónoma.

Los siguientes capítulos discutirán mejor algunos de los mecanismos que operan tras Ethereum, incluyendo qué es la tecnología blockchain, cómo Ethereum utiliza esta tecnología, y cómo funciona el Ether.

# Capítulo 2:
# Blockchain

**B**lockchain, también conocido en español como 'cadena de bloques' es la tecnología que ha permitido la creación de las criptomonedas, especialmente el Bitcoin, y fue empleada por Buterin para la creación de Ethereum. Buterin notó que, aunque la blockchain fue creada para Bitcoin, sus usos podían ser muchos más que únicamente para la creación de monedas digitales.

El concepto de blockchain apareció por primera vez en un libro blanco escrito por Satoshi Nakamoto, publicado el 31 de octubre de 2008. La tecnología fue desarrollada originalmente como un medio para facilitar la creación de la criptomoneda que Nakamoto imaginaba. Para poder explicar mejor el funcionamiento de la blockchain, este capítulo utilizará un enfoque histórico donde revisaremos las ideas que permitieron su conceptualización y desarrollo, y cómo evolucionó para convertirse en la base de las plataformas más poderosas en la actualidad.

## Historia de Blockchain

A mediados de 1980, la tecnología informática avanzó al punto de que muchas entidades utilizaron programas que permitieron alterar y modificar fotografías. El creciente y extenso uso de estos programas generó preguntas sobre cómo proteger datos e información delicada contra la manipulación y el robo, y cómo asegurar que la información no había sido adulterada. Dos programadores, Stuart Haber y Scott Stornetta, propusieron una solución publicada en el artículo titulado "Cómo Fechar un Documento Digital" ("How to Time-Stamp a Digital Document"), publicado en *Journal of Cryptology*. Su solución fue que, en lugar de solo fechar los documentos, las empresas deberían fechar los datos reales que se tramitaban. El método propuesto aseguraría que los datos dentro del documento digital no pudieran ser modificados más adelante. Su método fue la base para la creación del libro mayor digital para la blockchain, cuyo protocolo prohíbe la modificación de cualquier dato en las transacciones.

Unos años después, a mediados del 2000, Ross Anderson, experto en ciberseguridad de la Universidad de Cambridge, abogó por la necesidad de un cambio de paradigma en el funcionamiento de la seguridad informática. Los modelos de seguridad informática del momento eran muy vulnerables a violaciones de seguridad y hacks; era común que muchos ataques cibernéticos estuvieran dirigidos a servidores gubernamentales y militares, y algunos de estos ataques fueron contra empresas y compañías comerciales donde se desviaron millones de dólares y se expuso información personal de muchos clientes y consumidores. La necesidad de un modelo completamente nuevo para la ciberseguridad fue un estímulo importante para la creación de blockchain, la cual no se basó en otros modelos de seguridad informática, sino en la creación de un paradigma completamente nuevo.

Las ideas más originales continuaron proviniendo de las figuras más prominentes en el área de programación. Para entonces, no lograron una revolución informática, pero sus contribuciones sentaron las bases para la eventual creación de blockchain. Por ejemplo, en 1998 el programador Michael Doyle solicitó una patente que crearía nuevos protocolos de seguridad utilizando protocolos de cadena de custodia (*chain-of-evidence*), junto a llaves privadas y públicas para asegurar que los datos procesados no estuvieran sujetos a modificaciones. Su sistema aseguró que los datos fueran fechados correctamente, sin la necesidad de la presencia de un intermediario. El sistema que él ayudó a crear permitió el desarrollo de la característica sin fideicomiso de la blockchain, con lo que se explica el hecho de que no se necesita confiar en ningún tercero o intermediario para que alguien realice una transacción en la blockchain.

Ese mismo año, Michael Doyle solicitó patentar su idea, mientras Nick Szabo, un experto en derecho contractual digital desarrolló un modelo para una moneda digital que bautizó como "bit gold". Los usuarios podrían resolver operaciones matemáticas complejas para "minar" las criptomonedas, y las soluciones a estos problemas y operaciones serían utilizadas para crear el nuevo grupo de problemas a resolver. El Bit Gold fue creado propiamente, pero los métodos propuestos por Szabo desarrollaron el concepto de la red *peer-to-peer*. Una red *peer-to-peer* permite que los usuarios colaboren entre sí en lugar de necesitar una entidad centralizada para confirmar las transacciones. La red *peer-to-peer* es una característica esencial de blockchain, ya que es la forma principal de reforzar la confiabilidad de la red.

En agosto de 2008, Charles Bry, Vladimir Oksman y Neal Kin presentaron una patente para una nueva tecnología de cifrado que habían desarrollado. Esta tecnología requeriría el uso de llaves públicas y privadas, iguales a la idea propuesta por Michael Doyle diez años atrás, para cifrar la información tramitada durante la transacción. La patente era para un modelo casi exacto de blockchain, pero estos tres hombres niegan tener algún tipo de relación con el misterioso Satoshi Nakamoto.

El 31 de octubre de 2008, una persona bajo el seudónimo de Satoshi Nakamoto publicó un libro blanco sobre su idea del uso de la criptomoneda. Llamó a su criptomoneda Bitcoin, una combinación de la palabra "bit", que se refiere a la unidad utilizada en computación, y "*coin*" (moneda). El nombre aludía al hecho de que iba a ser una moneda que existiría por completo en forma digital, en lugar de estar impresa en efectivo o acuñada como monedas. En enero de 2009, Nakamoto lanzó el Bitcoin y, con él, la tecnología blockchain que sería la base de esta plataforma.

Como se explicó antes, la blockchain fue desarrollada originalmente para la creación del Bitcoin. Sin embargo, sus usos y posibilidades van más allá del Bitcoin, como pudo percibir Vitalik Buterin cuando decidió crear Ethereum.

## Cómo Funciona Blockchain

Blockchain es un método revolucionario de programación. No se trató de mejorar modelos anteriores, sino de crear un nuevo paradigma para la programación y la ciberseguridad.

Los modelos tradicionales de computación tienen una aplicación que los conecta directamente a un servidor central. Por ejemplo, si quieres hacer una compra en línea de un minorista cuya plataforma en línea todavía utiliza un modelo tradicional, tu transacción debe procesarse por medio de un servidor central. Si este servidor central presenta una falla por la razón que sea (por ejemplo, mucho tráfico web en un momento dado, o se encuentra en mantenimiento) tu transacción no podrá finalizarse, y tendrás que volver a intentarlo más tarde. Si tu banco utiliza un modelo tradicional para sus servicios en línea y deseas acceder a tu información financiera, pero el servidor central no está operacional, entonces no podrás realizar la consulta. No poder acceder a la información de tu cuenta cuando lo necesites, especialmente en un mundo que cada vez más digital, puede tener consecuencias graves para tus finanzas personales. Además, el modelo tradicional es vulnerable a ataques cibernéticos. Un hacker solo necesita tener acceso al servidor central y toda la información dentro del sistema estará a su disposición. Esta información puede ser cantidades enormes de dinero, información de tarjetas de crédito y cuentas de bancos, números de seguro social, y muchos otros datos e información personal que estarían en peligro. Como podrás ver, el modelo tradicional está desactualizado y no es seguro, de la misma manera que Ross Anderson señaló.

El modelo de blockchain no se basa en un servidor centralizado, sino en una red completa de cientos o hasta miles de usuarios que sustentan la plataforma. Estos usuarios pueden verificar las transacciones que han ocurrido; de hecho, se requiere de una mayoría de usuarios para verificar las transacciones antes de que se completen. Este modelo descentralizado tiene varias implicaciones. Una es que la red no está controlada por ninguna persona o entidad, sino por las personas que la usan. Otra es que la red es virtualmente impenetrable para los hackers, ya que para poder acceder a ella, todos los usuarios deben estar de acuerdo para poder modificar el protocolo.

A continuación explicaremos algunas de las características de la blockchain. Saber y entender estas características te ayudará a comprender los mecanismos y el funcionamiento de la blockchain.

*Libro mayor público.* En su núcleo, la blockchain es esencialmente un libro mayor público. Un libro mayor es una recopilación de las transacciones que se han llevado a cabo, generalmente registradas por un contador. Los libros mayores pueden guardarse con programas como Quick Books y solo ser vistos por personas autorizadas, como el contador, CEO, o un servicio de auditoría. Otras partes interesadas, como los accionistas y empleados, no pueden acceder a los libros mayores y, por lo tanto, desconocen el verdadero estado financiero de la empresa. El nivel de confidencialidad en el libro mayor de la compañía fue la razón de que Enron colapsara en el 2000, y las consecuencias fueron graves para muchas personas, quienes desgraciadamente perdieron todo su dinero.

Como se trata de un libro mayor público, cualquier persona en la blockchain puede ver las transacciones que han ocurrido o que están en proceso, aunque sin conocer la identidad de las partes involucradas en dichas transacciones. Por lo tanto, ninguna persona es capaz de modificar los datos de ninguna manera.

Cada transacción que se lleva a cabo en la blockchain es registrada dentro de un bloque. Cada nueva transacción se registra en un bloque que está conectado al anterior. Los bloques conectados juntos forman una cadena, de ahí el "blockchain" (cadena de bloques). Esta es la razón por la cual la blockchain es esencialmente un libro mayor, y ya que puede ser consultado en todo momento por el público, decimos que es un libro público. Para modificar los datos contenidos en algún bloque, uno no solo necesitaría la aprobación de cada usuario en la red, sino que también tendría que cambiar retroactivamente cada bloque que sigue al bloque modificado.

En Ethereum, cada contrato inteligente se ejecuta como parte de un bloque en la blockchain. Por lo tanto, ambas partes involucradas deben cumplir con los términos y condiciones del contrato, y nadie puede cambiar el contrato retroactivamente.

*Nodos.* Un nodo es un computador cliente que opera dentro de una red blockchain para procesar y verificar las transacciones. En lugar de un servidor centralizado, las blockchains por lo general tienen cientos o hasta miles de nodos que comúnmente son operados de forma voluntaria. Algunos blockchains, como el Bitcoin, han visto una disminución considerable en el número de nodos de sus redes y, para ayudar a resolver este problema, ¡Bitcoin está planeando instalar nodos dedicados en el espacio exterior!

*Red peer-to-peer.* Ya que una plataforma blockchain es descentralizada, en lugar de tener una autoridad central que la regula, la autoridad está representada por los usuarios. Ellos deben trabajar juntos y llegar a un acuerdo sobre las transacciones que tengan lugar en la red, ya sea que esas transacciones impliquen intercambios de criptomonedas, minería (este proceso se explicará más adelante en esta sección) o la ejecución de un contrato inteligente. Si los usuarios de la red no están de acuerdo con una transacción, se considera que no es válida y no puede completarse.

Como se explicó anteriormente, la red *peer-to-peer* proporciona, por naturaleza, un nivel tan alto de ciberseguridad que básicamente es invulnerable a ataques cibernéticos o modificación de datos.

*Timestamps.* Una timestamp, o marca de fecha, es un registro de la hora exacta en la cual se ejecutó una transacción. Estos registros son esenciales dentro de áreas comerciales y legales porque sirven como evidencia de que ciertos datos se generaron en un momento determinado. Una función ubicua de las marcas de fecha es la práctica del fichaje (control de entrada) para el trabajo. Las empresas usualmente establecen un protocolo para garantizar que los empleados estén trabajando en un momento determinado, de modo que puedan ser indemnizados por ello. Adulterar las marcas de fecha puede tener graves consecuencias legales.

La tecnología de blockchain se basa en el uso de marcas de fecha para garantizar la autenticidad de las transacciones y utiliza el método de Satoshi Nakamoto para asegurarse de que las mismas sean inalterables. Tan pronto se ejecuta una transacción y se crea un bloque con sus datos, ese bloque recibe una marca de fecha antes ser integrado permanentemente dentro de la blockchain. La marca de fecha no puede ser modificada nunca, a menos que toda la red decida realizar el cambio, y cada bloque en la blockchain que se haya creado después de esa transacción también sea modificado. Aunque en la actualidad no existe un precedente legal, la opinión general parece coincidir en que una marca de fecha blockchain tiene validez en un tribunal de justicia.

*Llaves públicas y privadas.* La criptografía de la llave pública es una característica esencial de la blockchain porque previene que se lleven a cabo transacciones fraudulentas. Los usuarios en una red blockchain tienen una llave pública y una privada; la pública puede ser vista por cualquiera, pero la privada nunca debe compartirse. Cuando un usuario desea realizar una transacción con otro, usará la llave pública de esa persona para enviar la transacción. La llave privada del remitente (quien envía) se utilizará para cifrar la transacción de modo que nadie, excepto el destinatario, pueda recibirla. El destinatario usará su llave privada para abrir el mensaje.

Si la llave privada de un usuario fuera revelada al público, alguien podría acceder a la cuenta de esa persona y ejecutar transacciones. En el caso de monedas digitales, como el Bitcoin y el Ether, la llave privada podría utilizarse para desviar todos los fondos de esa persona hacia otra cuenta, esencialmente robando sus monedas.

*Hashes.* Las funciones hashes (también llamadas resumen criptográfico) son una parte importante en el protocolo de verificación de la blockchain. Un hash toma una información matemática de cualquier tamaño, la ejecuta por medio de un algoritmo, y devuelve esa información con un tamaño fijo. La probabilidad de que dos hashes sean iguales es extremadamente baja. Emplear la función hash es una de las maneras de evitar que los hackers puedan acceder a las cuentas en la blockchain. Las siguientes secciones donde se explicará la *proof-of-work*, minar y forjar te ayudarán a comprender el concepto del hash y a conocerlo en el contexto de cómo funciona dentro de una blockchain.

*Proof-of-work.* El sistema para prueba de trabajo (*proof-of-work,* en inglés) es básicamente un método para demostrar que el trabajo se hizo para hacer efectiva la transacción, lo que significa que dicha transacción no fue ejecutada por un programa o bot. En una prueba de trabajo, un grupo de transacciones son integradas a un bloque, donde son verificadas por una comunidad de mineros (ver la siguiente sección para conocer más sobre la minería). El valor del hash se aplica dentro de un algoritmo del siguiente bloque que está pendiente para un proceso de verificación, lo que genera un problema matemático complejo que debe ser resuelto por los mineros. Normalmente, el primer minero en resolver el problema es recompensado con una cantidad de criptomonedas. En la blockchain de Bitcoin, la dificultad de los problemas por cada bloque está ajustada para que solo un bloque pueda resolverse (es decir, minado) cada 10 minutos. Cuando el problema (algoritmo) ha sido resuelto, las transacciones dentro del bloque pueden considerarse como verificadas.

Para Ethereum, el sistema de prueba de trabajo ha sido muy costoso, tanto en factores de tiempo como energía, por lo que ha diseñado un nuevo protocolo llamado prueba de participación (*proof-of-stake*). La prueba de participación tiene el mismo objetivo y resultado que la prueba de trabajo (que es asegurar que todas las transacciones sean legítimas), pero se ejecuta por medio de un proceso diferente. No hay ninguna recompensa para los mineros; en su lugar, ellos reciben las comisiones que están incluidas en cada transacción de Ether. En el protocolo de prueba de participación, el hash del bloque anterior se sigue aplicando al algoritmo. Sin embargo, en lugar de que los mineros resuelvan un problema matemático complejo generado para ellos, el creador del nuevo bloque (por ejemplo, el minero que resolvió el problema) se elige al azar en base a las riquezas (es decir, su participación expresada en monedas) que posea.

*Minar y Forjar.* Minar es el proceso para generar las nuevas unidades de criptomonedas que se utilizan en la blockchain. Este método fue creado por Satoshi Nakamoto como parte de su protocolo para prueba de trabajo. Los mineros compiten unos contra otros para ver quién puede resolver los problemas matemáticos complejos que se generan durante el proceso de prueba de trabajo. Cuando el problema es resuelto, el bloque se considera "minado". Después, un número determinado de Bitcoins entra en circulación, donde el minero recibe una parte de ellos como ganancia.

Teniendo en cuenta que Ethereum utiliza un protocolo de prueba de participación en lugar de prueba de trabajo, emplea un proceso diferente que es conocido como "forjar" (haciendo referencia al proceso en el que los herreros crean piezas de metal con diferentes fines). Forjar es algo parecido a minar, con la excepción de que los nuevos tokens de Ether no son generados después de resolver un bloque. En su lugar, existe un número fijo de Ether en circulación. Mientras los mineros reciben una comisión por cada moneda virtual que es generada, los forjadores (o herreros) solo reciben comisiones por las tarifas de transacción.

*Máquina virtual de Ethereum.* Cada vez que se realiza una transacción de Ethereum, miles de nodos en la red de Ethereum deben colaborar para procesar la transacción. La transacción está escrita en un contrato inteligente, que luego se traduce en un bytecode (código intermedio). El bytecode es leído por las computadoras que integran los nodos en la red usando la máquina virtual de Ethereum, o EVM por sus siglas en inglés. Básicamente, la EVM es un programa usado para descifrar el bytecode. La EVM y los mineros que ejecutan los nodos rechazan automáticamente los contratos inteligentes que no han sido cancelados y se aseguran de que nadie pueda gastar el mismo Ether dos veces.

*Beneficios de la blockchain.* Es muy posible que el mayor beneficio que brinda la blockchain sea la seguridad. Debido a la naturaleza *peer-to-peer* de la plataforma blockchain, no puede ser hackeada. Todos los datos dentro de la blockchain pueden ser vistos y consultados por todos los miembros de la red porque depende de ellos para operar, en lugar de otros sistemas autoritarios centralizados (como PayPal o MasterCard) para verificar las transacciones. Esta característica significa que la plataforma es completamente transparente, y nunca hay alguna duda sobre si la información financiera es registrada correcta y éticamente. Otro beneficio de la blockchain es que la información no puede manipularse o modificarse de ninguna manera; nuevamente, debido a que no existe una autoridad centralizada. ¡Cualquier intento por alterar la información o manipular los protocolos necesitaría la aprobación de toda la comunidad de la blockchain!

*Retos para la blockchain.* Aunque los beneficios de la blockchain no pueden ser subestimados, hay ciertos retos asociados con esta plataforma que necesitarán superarse en los próximos años para asegurar su factibilidad. Uno de estos retos es cómo las transacciones de blockchain deberían evaluarse en un tribunal de justicia. Ya que esta es una tecnología relativamente nueva, en este momento existen muy pocos precedentes legales sobre cómo se percibe la información de blockchain en un marco legal. Otro reto a superar es la energía necesaria para operar una plataforma de blockchain. Este tipo de plataforma necesita de cientos o hasta miles de computadores para operar, lo que representa una huella de carbono inmensa creada por varias blockchains a la vez. Según las cifras estimadas, para el año 2020, ¡Bitcoin consumirá tanta energía como el país de Dinamarca! Una sola transacción en la plataforma Ethereum consume tanta energía como una familia normal lo haría en día y medio. Este reto energético puede superarse incentivando a los usuarios a hacer un uso consciente de energía verde como electricidad para sus computadores.

Otro reto está asociado con el tiempo necesario de la blockchain para completar una transacción. En vista de que el proceso de verificación es algo intenso, una sola transacción de Bitcoin puede tomar entre 10 minutos y una hora. ¡Esto puede ser un problema serio para usuarios que deseen usar Bitcoin para comprar una taza de café! Ethereum ya ha empezado a enfrentar este reto al introducir un proceso nuevo pero igualmente intenso, donde ha logrado reducir su tiempo de transacción en aproximadamente 12 segundos.

# Capítulo 3:
# Blockchain y Ethereum

Al igual que el concepto del Bitcoin que inspiró la creación de Ethereum, todas las transacciones ejecutadas en la plataforma Ethereum son parte de una blockchain. Los usuarios están conectados entre sí en la red *peer-to-peer* y colaboran unos con otros para efectuar las transacciones.

## Cómo Hacer una Transacción en Ethereum

Antes de que puedas iniciar un contrato inteligente en Ethereum, lo primero que debes hacer es abrir una cuenta. Ethereum opera utilizando la criptomoneda Ether (para más información, ver el capítulo 'Gas y Ether'), y todas sus transacciones requieren usar monedas Ether. Esta medida es para asegurar que los desarrolladores creen códigos fuertes, y para que las personas que permiten que la plataforma funcione puedan ser recompensadas. Para usar Ethereum, necesitas instalar el explorador Mist.

Antes de abrir una cuenta, necesitarás un monedero que te permitirá almacenar, enviar, y recibir Ether. El monedero es como una entrada a la plataforma Ethereum que, además de permitirte administrar el Ether, también permite escribir y ejecutar contratos inteligentes. Primero, necesitarás descargar el monedero; con este proceso podrás conectarte a toda la blockchain de Ethereum. Luego visita el enlace www.ethereum.org y deslízate por la página hasta encontrar el enlace de descarga para el monedero Ethereum Mist. Al hacer clic en este enlace serás redirigido para descargar el monedero en un archivo con formato .zip. Necesitarás descomprimir el archivo y luego ejecutarlo.

Una vez finalizada la instalación, tendrás la opción de utilizar la plataforma de prueba o la plataforma principal. La plataforma de prueba es una *sandbox,* el cual es un programa que se ejecuta con solo una parte de los recursos del computador. De esta manera, si un código en el programa presenta problemas, solo los recursos utilizados por la *sandbox* se verán afectados. El resto del sistema seguirá operando con normalidad. Si seleccionas la plataforma de prueba, no se requerirá ningún Ether. Para usar la plataforma principal, sí se necesita Ether; y el programa se encargará de explicar los pasos para adquirir algunos Ether.

El siguiente paso será la creación de una contraseña. Esta será usada para generar tu llave privada con la que podrás enviar y recibir transacciones, así que mantenerla segura es de suma importancia. Elije una contraseña que otras personas no puedan descifrar fácilmente. Asegúrate de recordar la contraseña, ya que la plataforma no permite modificarla.

Una vez finalizado el paso anterior, serás redirigido a la página principal de tu cuenta. En la parte superior de la pantalla se verán enlaces etiquetados como 'Enviar', 'Contratos', y 'Balance'. También aparecerán en medio cuántos nodos en la blockchain están sincronizados para el momento. En la parte inferior se encuentra una barra donde se lee 'Cuenta Principal'. Justo debajo, verás una serie de números y letras:

esto representará tu llave pública, la cual será usada por otras personas para enviar Ether a tu cuenta.

Para enviar Ether a alguien, haz clic en el ícono 'Enviar' en la parte superior de la pantalla. Ingresa la llave pública de la persona a quien deseas enviar Ether y el número de Ether que enviarás. Luego serás dirigido a una escala deslizable donde se determinará la cantidad máxima (tarifa) que costará esa transacción: esta es la cantidad que se paga a los mineros para procesar la transacción. Si quieres hacer una transacción por el costo más bajo posible, pagarás menos pero esperarás más tiempo, ya que los mineros tendrán menos incentivo para procesar la transacción. Si deseas hacer la transacción lo más rápido posible, tendrás que pagar más pero el proceso podría tomar solo segundos. Después de esto, debes ingresar tu contraseña para confirmar la transacción; aunque debes usar tu contraseña para entrar a la cuenta, esto es un requisito que añade otro nivel de seguridad al proceso.

## Cómo Funciona una Transacción en Ethereum

Una transacción efectuada desde la plataforma de Ethereum puede parecer algo muy sencillo para un usuario que está tratando de intercambiar Ether o crear un contrato inteligente. Sin embargo, el mecanismo real detrás de la transacción es bastante complejo. Aquí se explicará una descripción general de lo que sucede detrás del proceso.

Al realizar una transacción, el remitente usa la llave pública del destinatario seleccionado. Recuerda que la llave pública es visible para cualquier persona; en cambio, la llave privada (que se genera a partir de la contraseña) debe mantenerse en secreto.

Cuando se envía la transacción, los datos son integrados a un bloque que está conectado al bloque que le precede (se crea una cadena). Ahora es parte de la blockchain, y es visible para todos en la plataforma, aunque sin revelar las identidades de los usuarios involucrados. Los datos en esta transacción se incluyen con datos de otras transacciones en el bloque. El valor hash del bloque anterior se aplica a un problema matemático complejo, que los mineros (o forjadores, según sea el caso) deben resolver para poder verificar y finalizar las transacciones. La solución al problema se usa para generar un valor hash, el cual se aplica al siguiente bloque dentro de la blockchain. Los mineros reciben una comisión que proviene de las tarifas de transacción pagadas por los remitentes.

El destinatario deseado recibirá una notificación de que él o ella acaban de recibir Ether. Luego el destinatario ingresará a su cuenta y podrá retirar sus monedas.

# Capítulo 4:
# Gas y Ether

La más importante diferencia entre Bitcoin y Ethereum es que Bitcoin solo es una moneda digital y nada más. Tiene un valor increíblemente alto que continuará aumentando y que ya ha creado un revuelo sobre el significado del dinero y sobre cómo debe regularse. Sin embargo, el Bitcoin no tiene conexión de ningún tipo con un producto real. Tomemos como ejemplo el oro: el precio del oro no está vinculado a un bien o servicio en particular, y no está sujeto a cosas como la inflación de una moneda corriente, como el dólar. Su valor solo depende de cuántas personas están dispuestas a pagar por él; en otras palabras, el precio del oro está determinado por su demanda. La demanda por el Bitcoin es alta, por lo tanto, también lo es su valor.

Ethereum no es una moneda digital sino una mercancía, un producto. Es una plataforma que permite a los usuarios crear y ejecutar contratos inteligentes, así como desarrollar sus propias DApps. Los costos para operar esta plataforma son bastante altos; imagina cuánta energía requiere teniendo en cuenta que se mantiene operacional utilizando un sistema de miles de computadoras nodo. Además, es primordial garantizar que las DApps creadas en la plataforma se hagan de manera eficiente y con los más altos estándares. Por lo tanto, el dinero está involucrado, garantizando que las personas en este proceso reciban una compensación adecuada por su trabajo. Ese dinero es esta criptomoneda: el Ether.

## ¿Qué es Gas?

El concepto del Gas en Ethereum es algo parecido al gas (combustible) utilizado para que un automóvil funcione. La cantidad de combustible que necesitas para tu automóvil es directamente proporcional a la cantidad de energía necesaria para manejarlo hasta el lugar deseado. Si tu automóvil consume demasiado combustible y estás haciendo un viaje a través del país (algo que los ambientalistas nunca aconsejarían hacer), se consumirá una enorme cantidad de energía. Por lo tanto, necesitarás mucho combustible. Si en cambio, manejas un Prius, que es un vehículo híbrido, y lo manejas para ir a una playa que solo está a dos horas de distancia de tu casa, y solo por el fin de semana, consumirás muy poca energía en comparación con aquel otro vehículo que no solo utiliza demasiado combustible sino que también es manejado por todo el país. Por lo tanto, si consumes menos energía, entonces necesitas menos combustible.

Las transacciones en Ethereum consumen mucha energía. No solo necesitan la energía requerida para alimentar los computadores en la plataforma, sino también energía humana que se usa en el proceso de minado (o forjado). Después de todo, los mineros necesitan un incentivo para procesar una transacción.

Una cosa que siempre es importante recordar es que nadie es propietario de Ethereum, ni siquiera su creador, Vitalik Buterin. Las comisiones por el gas no se usan para financiar la cuarta casa en la playa de un director ejecutivo adinerado. Por el contrario, son usadas para pagar a los trabajadores en la plataforma por cumplir con su trabajo.

Algunas transacciones en Ethereum, como enviar Ether, son procesos relativamente simples y directos. Otras, como crear una nueva DApp, son procesos mucho más complejos. Imagina que las transacciones más simples son como los autos Prius que van a la playa, mientras que las transacciones más complejas son como un vehículo todoterreno de los años noventa. Una transacción simple necesita menos energía y, por lo tanto, menos gas. Una transacción más compleja requiere cantidades significativas de energía y, por supuesto, mucho más gas.

Una de las más importantes características del gas en Ethereum es que el usuario puede determinar cuánto pagar por él. Aunque la cantidad de gas necesaria para realizar una transacción siempre es la misma (de igual manera que la cantidad de gas requerida para manejar un automóvil hacia un destino en particular no cambiará), la cantidad de dinero que el usuario *paga* por este gas depende completamente de él. Imagina que esta situación es similar a los diferentes precios del gas en todo el país. En algunas partes del país, como California, el gas es mucho más caro que en lugares como el sur de Estados Unidos. ¡Trata de imaginar lo que sería vivir en California, pero pagando el mismo precio por el combustible que paga alguien en Mississippi! Sin embargo, hay una trampa.

Cuando inicias una transacción, se te ofrecerá una escala deslizable para seleccionar cuánto deseas pagar por el gas. Hacia un lado está la opción más barata, que normalmente tardará más en procesarse porque como hay menos dinero involucrado, los mineros tienen menos incentivos para procesarla. Al extremo opuesto se encuentra la opción más rápida, que también es más cara, pero le da a tu transacción un lugar prioritario dentro de su bloque. La velocidad de procesamiento es más rápido porque los mineros tienen un mayor incentivo. Si la transacción no tiene suficiente gas, entonces, como pasaría con un automóvil que se queda sin combustible en medio de la carretera, la transacción se detiene antes de ser procesada.

## ¿Cómo Funciona el Gas?

En el capítulo anterior se explicó brevemente la Máquina Virtual de Ethereum, o EVM por sus siglas inglés. La EVM es, básicamente, un mecanismo para ejecutar códigos en la plataforma de Ethereum. Funciona como una *sandbox*, lo que significa que solo utiliza una cantidad mínima de recursos del computador. Las sandboxes son entornos ideales para ejecutar códigos de prueba porque si existe un error en el código (como la aparición de un virus),  solo los recursos limitados que utiliza la sandbox se verán afectados. La EVM es utilizada por desarrolladores para ejecutar pruebas en los códigos antes de ser integrados a la plataforma principal de Ethereum.

Además de los códigos de prueba, la EVM es una parte esencial para el proceso de verificación de Ethereum. Todas las transacciones pasan por la EVM, que está conectada a cada nodo en la plataforma de Ethereum. La EVM  puede verse como el computador mundial de Ethereum. Cada operación, cada transacción en este Computador Mundial consume gas; la cantidad de gas utilizada es directamente proporcional a la complejidad de la operación involucrada. Las tarifas por ese gas se destinan como pago para los mineros, de manera que puedan recibir compensación por su trabajo y mantener la red en funcionamiento.

## ¿Qué es el Ether?

Cuando llenas el tanque de tu automóvil con combustible, es probable que pagues el monto en dólares (o en libras esterlinas, euros, o cualquier moneda fiduciaria que uses en tu ubicación). Cuando llenas el tanque de Ethereum, también debes pagar por el gas, pero utilizando la moneda de la plataforma: el Ether. El Ether es la moneda digital vinculada a la red Ethereum. No obstante, el alto valor que ha adquirido con el tiempo ha hecho que gane tracción fuera de los programadores de Ethereum, e incluso los medios de comunicación más importantes están enfocados en mantener a los consumidores informados sobre este fenómeno. Si bien el Bitcoin sigue siendo líder en el mundo de la moneda digital, el Ether está creciendo a un ritmo más rápido. ¡De hecho, algunos analistas consideran que en los próximos años el valor del Ether superará el valor de Bitcoin!

Antes de explicar qué es lo que hace al Ether algo único, puede que sea mejor comprender primero qué son las criptomonedas. Para comenzar, debes saber qué es una moneda. Comúnmente, las personas solo piensan en la moneda de un país como los dólares y centavos que usan para pagar las cosas, se trata de mucho más que eso. La moneda es un *instrumento de cambio*. En otras palabras, todo lo que tienes que yo acepto como algo cambiable por algo que tengo es una moneda. Si tienes una barra de chocolate Snickers y yo tengo una de Mars, pero tú quieres la barra de Mars, entonces puedes preguntarme si es posible cambiar los Snickers por Mars. Si yo estoy de acuerdo con esa propuesta, entonces el

Snickers se ha convertido en la moneda que usaste para adquirir el chocolate Mars.

Este concepto económico es algo muy antiguo; de hecho, algunos arqueólogos y antropólogos sugieren que el uso de la moneda es lo que definió la aparición de la civilización humana. En las culturas de antaño, el comercio por lo general se daba entre personas para que los bienes pudieran ser compartidos entre la población. Por ejemplo, un alfarero podría intercambiar su cerámica con un agricultor a cambio de comida. En un caso como este, la alfarería vendría a ser la moneda o el instrumento de cambio. Además, las personas a menudo viajaban por tierra o mar para comerciar con otras culturas. Lo que en aquel momento se haya acordado como un cambio válido se transformó en la moneda utilizada para comerciar.

¿Entonces cómo pudo determinarse el valor de la moneda? La verdad es que se debió en gran parte a los individuos involucrados. Si querías comprar ropa que yo poseía, y pagar usando plumas de pavo real, pero yo no tenía uso para las plumas de pavo real, entonces no tendrían ningún valor para mí; por lo tanto, no estaría de acuerdo con el intercambio. Sin embargo, si querías pagar con cuentas de plata, y yo sabía que podía usar esa plata para comprar algo de otra persona, esa moneda tendría un valor para mí. Por lo tanto, se convertiría en el instrumento con el que cambiaríamos nuestros bienes o servicios.

Una característica común de los gobiernos centralizados es que el gobierno se convirtió en el organismo regulador de la moneda. En los Estados Unidos, el dólar es acuñado por el Departamento del Tesoro de los Estados Unidos y, con algunas excepciones, es la única moneda aceptada como dinero. Las monedas que están reguladas por un organismo regulador central se conocen como *fiat currency* (moneda fiduciaria). "Fiat" que significa "fe", y se refiere al hecho de que el uso de la moneda no se basa en el valor intrínseco del papel donde se ha impreso el dólar (que prácticamente no vale nada) sino en la fe depositada en el gobierno que lo emitió. El gobierno respalda la moneda y garantiza que no fallará.

El gobierno regula el valor del dólar. Establece tasas de interés destinadas a aumentar o disminuir el valor del dólar, y por lo tanto, sin importar cuánto dinero tengas en dólares, su valor estará determinado por el gobierno.

Este concepto de regulación es en realidad una anomalía, algo irregular dentro de las leyes básicas de oferta y demanda por las que se rigen muchas teorías económicas modernas. En general, cuando algo tiene una alta demanda, su valor aumenta porque las personas están dispuestas a pagar más por ello. Cuando algo tiene baja demanda, su valor disminuye porque las personas no están dispuestas a pagar tanto por ello. El valor del dólar (al igual que muchas otras monedas fiduciarias) no está determinado por la demanda sino por lo que el valor que el gobierno ha establecido. En términos más simples, el valor del dólar es algo artificial.

¿Pero qué pasaría si hubiera una moneda cuyo valor siempre estuviera determinado por la demanda popular? Regresemos nuevamente a cómo funciona la moneda: simplemente como un instrumento de cambio que una de las partes involucradas estaba dispuesta a aceptar, a cambio de sus bienes o servicios. Su valor fue determinado exclusivamente por las personas involucradas en la transacción, no por un gobierno centralizado que determinó artificialmente lo que valía. Ese es el concepto detrás de la moneda digital, mejor conocida como criptomoneda.

La criptomoneda no está regulada de ninguna manera por gobiernos centrales ni organismos reguladores, por lo que se conoce como un sistema monetario descentralizado. Su valor no lo establece ningún individuo, sino que es determinado por las personas que usan la moneda, regido únicamente por las leyes de oferta y demanda.

Este es el concepto original que permitió la creación del Bitcoin, la primera criptomoneda. Su creador, Satoshi Nakamoto, imaginó una moneda que devolvería el poder a las personas en lugar de impulsar únicamente los intereses del gobierno. Casi diez años después del lanzamiento del Bitcoin, y a pesar de los numerosos intentos por parte del gobierno de los Estados Unidos para regular la criptomoneda, todavía no ha sido regulada. En lugar de ser una carga, esta ausencia de regulación ha demostrado ser, posiblemente, la mejor ventaja del Bitcoin. La demanda popular de Bitcoin se ha venido disparando progresivamente, y al mismo tiempo, también lo ha hecho su valor. Este valor nunca se ha inflado o desinflado de manera artificial según los caprichos y antojos de su organismo de gobierno, sino que depende completamente de la demanda que los usuarios tienen para él. Gracias a esto, el Bitcoin se ha convertido en una moneda más verdadera que el dólar.

Vitalik Buterin, el creador y fundador de Ethereum, trabajó junto a la comunidad de Bitcoin por algunos años antes de separarse y crear su propia blockchain. La idea del Ether tiene el mismo origen que el Bitcoin, pero con una muy importante característica: a diferencia del Bitcoin, que no está vinculado a ningún producto en particular, el Ether sí lo está. La moneda Ether se usa para sustentar a la plataforma de Ethereum, por lo que todo aquel que desee utilizar Ethereum debe invertir en Ether.

Como ocurre con otras criptomonedas, el Ether no tiene una forma física como efectivo, sino que más bien se trata de un código. El Ether tiene muchos usos, los cuales que se explican a continuación.

*Pagar por Gas.* Uno de los usos del Ether es que sirve para pagar el gas, el combustible para el motor de Ethereum, lo que permite a los usuarios iniciar una transacción en la plataforma. Como se explicó anteriormente, la cantidad de gas necesaria para hacer la transacción es una cantidad fija, pero el costo de ese gas está determinado por el usuario al empezar la transacción. Una escala deslizable se mostrará en la pantalla, y con ella, los usuarios podrán seleccionar cuánto pagar por el gas. Pagar una cantidad más alta significa que la transacción tendrá una mayor prioridad para los mineros, quienes reciben una compensación gracias a esta tarifa.

*Invertir.* El valor del Ether se ha elevado mucho, llegando hasta un 4500% de su valor inicial, ¡en tan solo el primer semestre del 2017! Este increíble aumento se debe al uso más prominente de la plataforma Ethereum y, a su vez, a la demanda del Ether. Compañías reconocidas, como J.P. Morgan y Merck, ya están empezando a explorar la plataforma, lo que significa que en estos momentos están haciendo intercambios y transacciones en Ether.

Ethereum

En cuanto a inversión, las monedas digitales aún están lejos de ser la mejor apuesta en el mercado. Según su historia, son conocidas por su excepcional volatilidad; y ahora, con muchos de los principales inversionistas entrando al mercado de Ethereum, hay una creciente preocupación de que el precio continúe aumentando antes de desplomarse. Algunos proyectos individuales que usan Ether ahora están valorados en cientos de millones de dólares y, si esos proyectos fallaran, es posible que su fracaso acabe con el mercado de Ether.

Sin embargo, dependiendo del monto invertido y otras metas financieras, el Ether puede resultar una gran opción para tus fondos de inversión. Antes de continuar con cualquier inversión, y especialmente si está relacionada con criptomonedas, una regla general es invertir solo la cantidad que estés dispuesto a perder.

Para poder invertir en Ether, necesitarás un monedero para monedas digitales. Este monedero funciona de la misma manera que lo haría una cuenta de banco en línea: solo inicias sesión en tu cuenta y consultas un libro mayor para ver el historial de transacciones.

Hay muchísimos tipos de monederos, y el que elijas debe ajustarse a tus necesidades y ayudarte a alcanzar tus metas. Todos los tipos de monederos para monedas digitales se clasifican como calientes (*hot*) o fríos (*cold*). Un monedero caliente es aquel que funciona en línea, lo que significa que siempre está conectado a internet. Este tipo de monederos son los más vulnerables a ataques cibernéticos, por lo que almacenar grandes cantidades de monedas en ellos no es recomendable. Los monederos calientes son la mejor opción para personas que hacen intercambios y transacciones con frecuencia y, por lo tanto, necesitan acceder a sus monederos una y otra vez. Un monedero frío es uno que funciona desde el escritorio del computador, por lo que la única forma de que los hackers puedan acceder a él es obteniendo acceso al computador. El almacenamiento en frío es la mejor opción a largo plazo para invertir y almacenar grandes cantidades de criptomonedas.

Coinbase es el monedero más popular para comprar e intercambiar con Ether. Verifica que el monedero que elijas permita intercambiar con Ether. Normalmente se puede comprar Ether directamente desde el monedero. Puedes comprar Ether utilizando monedas fiduciarias, casi siempre en dólares, pero también se pueden aceptar otras monedas, como libras y euros, según la tasa de cambio actual. Por ejemplo, si el valor actual de Ether es de $400, entonces debes pagar $400 para comprar un Ether. También puedes comprar fracciones de un Ether optando por pagar una cantidad fija de moneda fiduciaria a cambio del mismo valor en Ether.

### ¿Cómo Funciona el Ether?

Los nuevos Ether se crean por medio de un proceso de minería. Cada vez que un minero resuelve el problema matemático asociado a un bloque de transacciones, se crean cinco nuevos Ether que son entregados como compensación a ese minero. Si otro minero encuentra, al mismo tiempo, una solución para el mismo bloque de transacciones, puede ser recibir dos o tres Ether (conocida como la recompensa de tío/tía).

El Ether tiene un espacio y función importantes dentro de la economía Ethereum. Sin él, la plataforma no podría funcionar porque el Ether es el combustible para las aplicaciones y transacciones que la plataforma procesa.

Como criptomoneda, sus usos fuera de Ethereum son limitados. Hasta el momento, el Bitcoin puede usarse para comprar o vender productos de todo tipo, como una taza de café o comidas en el supermercado. También es aceptado por muchas tiendas como overstock.com y Microsoft, además de muchos negocios pequeños en crecimiento. ¡Hasta puede utilizarse para pagar la matrícula en algunas universidades! El Ether, por otro lado, no tiene los mismos usos. Actualmente no es aceptado por tiendas de la misma forma que el Bitcoin. Esto representa otra marcada diferencia entre el Bitcoin y el Ether, o más bien el hecho de que el Bitcoin no está vinculado a ningún producto como tal, mientras el Ether si lo está. El Bitcoin se hizo muy popular en el mercado en parte por su atractivo como sistema de pago para productos y servicios cotidianos: si no pudiera usarse de esta manera por la gente común, muy probablemente seguiría teniendo un interés marginal en la comunidad tecnófila. El Ether fue creado para la simple tarea (aunque no del todo exclusiva) de sustentar la plataforma de Ethereum. Los usuarios deben invertir en Ether y usarlo para pagar las transacciones que realicen. Por lo tanto, su valor está vinculado a cuántas personas utilizan la plataforma. El incremento en el número de personas utilizando Ethereum, acompañado de la enorme cantidad de dinero que están invirtiendo estas personas (y en estos momentos, grandes empresas y compañías) en proyectos Ethereum está ocasionando un alza en el valor de Ether. Aunque tanto el valor del Bitcoin como el Ether están conectados a las leyes de oferta y demanda, ambos funcionan con propósitos diferentes.

Nuevamente usaremos el ejemplo del Bitcoin como oro, e imaginemos que el Ether es como el diamante. El oro es un instrumento de cambio, pero no tiene muchos usos más allá de ese. No tiene utilidad en el sector industrial, pero su valor tiende a ser alto porque la gente está dispuesta a pagar dinero por ello. Las joyas de oro tienen un valor alto porque son ostentosas para las personas; por lo tanto, su alta demanda le confiere su alto valor. Por otro lado, los diamantes valen mucho por sí solos como instrumento de cambio, pero también tienen uso industrial. No solo se usan en joyas costosas, cuyo valor depende de cuánto está la gente dispuesta a pagar, sino que también se usan en sierras y para otros procedimientos y herramientas que involucran tareas como cortar, esmerilar, y pulir. Nada es más resistente y duro que un diamante, por lo que tienen un uso aparte de ser un instrumento de cambio.

De la misma forma que el oro, el Bitcoin no guarda relación con ningún producto, y su valor solo está reflejado en cuántas personas están dispuestas a pagar por él. El Ether es como un diamante: vale mucho por sí solo al ser un instrumento de cambio (cuyo valor ha alcanzado hasta 4500% de su valor original en tan solo el primer semestre del 2017), pero es más que solo eso. También tiene el propósito de conectar a las personas con la plataforma Ethereum y permitirles usarla.

# Capítulo 5:
# Aplicaciones en Ethereum

C omo se explicó anteriormente, Ethereum es el motor tras un nuevo tipo de aplicación: la aplicación descentralizada, conocida como DApp. Este capítulo dará un vistazo a algunas de las DApps que se ejecutan con Ethereum, con la intención de dar una idea sobre el tipo de aplicación que se adapta mejor a esta plataforma.

## Gnosis

Gnosis es una plataforma para elaborar predicciones y estimados en el mercado basadas en el consenso de un gran grupo de personas. A este concepto se le conoce como *crowdsourced wisdom* (sabiduría de colaboración masiva). Por ejemplo, imaginemos que le preguntas a una persona al azar en la calle quién cree que ganará el partido de fútbol de esta noche entre los equipos Horses y Donkeys. Es probable que esa persona ni siquiera sepa que hay un partido de fútbol, y quizás ni le importará. En cambio, si puedes reunir a cientos o incluso miles de personas que están interesadas en el fútbol y son fanáticas de uno de los equipos involucrados, el resultado será completamente diferente. Algunos de esos fanáticos pueden estar informados y conocer las estadísticas de su equipo al derecho y al revés, al punto de que podrían predecir con precisión qué tan bien le va a ir a un equipo (o no) contra el otro. Combinando la sabiduría de todas esas personas, las probabilidades de predecir exitosamente el resultado son mucho más altas.

Este principio de *crowd-sourced wisdom* es la idea detrás de la aplicación Gnosis. Cualquiera puede crear un evento como el mencionado: quién ganará el partido de fútbol. Los usuarios de Gnosis pueden usar sus tokens Gnosis (cuyo valor es opuesto al Ether) para hacer apuestas sobre cuál creen será el resultado. Los usuarios que adivinen el resultado dividirán las ganancias entre ellos.

Además de hacer dinero, la idea de esta aplicación es permitir a las personas pronosticar un resultado futuro, desde saber si mañana el cielo estará despejado hasta predecir un colapso la bolsa.

**FirstBlood**

FirstBlood es lo que ocurre cuando el mundo de los e-sports (deportes electrónicos) se combina con el poder de una blockchain. Tradicionalmente, la comunidad de e-sports está sujeta a mucha regulación y corrupción por parte de los intermediarios que supuestamente supervisan esas regulaciones. También hay un tiempo de inactividad, ataques cibernéticos, y problemas al transferir dinero. FirstBlood busca revolucionar las plataformas de e-sports al remover completamente todos esos problemas.

Como la red blockchain en la que opera esta aplicación es tan segura, FirstBlood no es propenso a ataques ni a ningún otro problema de seguridad. En lugar de apostar con dinero fiduciario por medio de algún intermediario tradicional, como PayPal, las apuestas se realizan con el token 1ST, la moneda digital de FirstBlood. El dinero es retenido bajo un contrato inteligente hasta que se declare el ganador de un partido. Después de esto, el dinero se libera a aquellos que apostaron por el ganador.

Para garantizar que el ganador sea anunciado con precisión, FirstBlood selecciona al azar un grupo de Testigos desde sus computadores nodos en la plataforma. Los Testigos tienen la obligación de anunciar al ganador y reciben una compensación por su trabajo. Para convertirse en Testigo, las personas deben presentar un contrato inteligente con una cierta cantidad de tokens 1ST.

Si alguna partida entra en disputa, un Jurado es seleccionado de entre el público que presenció el juego. Los miembros del Jurado dan un informe sobre quién ganó la partida y también reciben una compensación por su trabajo. Sin embargo, aquellos que informen lo contrario a lo que la mayoría del Jurado determinó, podrían ser multados por emitir un reporte falso.

Gracias a FirstBlood, el mundo de los e-sports se está volviendo más transparente y libre de la corrupción que afecta la industria tradicional.

**Alice.SI**

Al momento de donar a una organización benéfica o fundación, las personas se enfrentan con la desalentadora tarea de tener que determinar si una organización es legítima o no. Frente a tragedias y catástrofes como la ocurrida por el Huracán Katrina, o el tsunami que golpeó el Sureste de Asia en el 2004, muchas organizaciones y fundaciones falsas aparecieron para aprovecharse de personas que estaban listas y dispuestas para dar a los más necesitados. Ahora con sitios de *crowdfunding* (financiamiento colectivo) como GoFundMe y Kickstarter, el problema se está expandiendo a un ritmo acelerado. El fraude en estos sitios web se lleva a cabo de una manera desenfrenada y descontrolada, por lo que la gente termina donando, sin saberlo, a "causas" que en realidad son estafas y engaños. Algunos sienten que este tipo de fraude (el tomar dinero de personas llenas de bondad que solo intentan ayudar a quien lo necesita) les ha hecho perder la fe en la humanidad.

Pero ante este malestar, aparece Alice.SI. Esta DApp fue diseñada para responsabilizar a las organizaciones benéficas al asegurar que realmente cumplan con el trabajo que dicen hacer. Cuando los usuarios donan a una organización o fundación, pero primero quieren saber si de verdad es legítima, solo tienen que generar un contrato inteligente a través de Alice.SI, el cual retendrá los fondos hasta que la organización en cuestión demuestre que, en realidad, sí ha cumplido con el trabajo benéfico que promete hacer.

Como puedes ver, las aplicaciones en Ethereum tienen una base en conectarse e involucrarse con las personas estableciendo comunidades, lo cual refleja esa estructura *peer-to-peer* de la blockchain. La gente se reúne con estas aplicaciones para involucrarse en transacciones importantes con total transparencia y sin miedo a ser víctimas de la corrupción.

# Capítulo 6:
# Cómo Usar Ethereum para Crear una Aplicación

Este capítulo no abarcará todo el conocimiento profundo ni el contexto necesario para desarrollar una aplicación, como programación o conceptualizar la aplicación. En su lugar, se proporcionará una visión general sobre el proceso involucrado en la creación de una aplicación en Ethereum, el cual es muy diferente al proceso de creación en otras plataformas.

Antes de que puedas comenzar a transformar esa gran idea que tienes en una DApp, necesitas conocer muy bien la plataforma Ethereum. Es recomendable buscar en línea algunas DApps para ver qué hacen y cómo funcionan, y así ayudarte a formar una idea de cómo quieres que se vea tu DApp y cómo debería funcionar. También es bueno observar las diferentes formas en que las personas recaudaron dinero para sus DApps, como la oferta inicial de monedas (ICO, por sus siglas en inglés) y el crowdfunding. Visitar y unirse a la comunidad de blockchain también es una buena idea, además de unirse a salas de chat, blogs y otros métodos de comunicación comúnmente empleados por usuarios dentro de la blockchain. Entablar relaciones no solo te ayudará a recaudar dinero para financiar tu DApp, sino que también te pondrá en una mejor posición para obtener respuestas a las preguntas que, sin duda, surgirán durante el proceso de creación de la DApp.

¿Recuerdas los tipos de DApp? ¿Quieres que la tuya sea una DApp tipo 1, tipo 2 o tipo 3? La tipo 1 es una blockchain completamente nueva, como Bitcoin o Ethereum. Quizás este tipo de DApp es muy ambiciosa para tu primer proyecto, así que lo mejor sería iniciar con una tipo 2 o tipo 3. Las DApps tipo 2 se desarrollan dentro de la blockchain principal, y las tipo 3 se crean a partir de otras DApps preexistentes. El tipo que elijas hacer tendrá un efecto sobre el siguiente paso del proceso.

Luego tendrás que decidir cuál lenguaje de programación usarás para la aplicación. Consulta a la comunidad de blockchain para determinar cuál lenguaje de programación será el mejor. Si tienes conocimientos previos sobre algún lenguaje de programación en particular, es probable que ese sea la mejor opción para ti. No obstante, puede haber otro lenguaje de programación que sea más adecuado para desarrollar tu DApp. Si este fuera el caso, tendrás que dominar ese lenguaje de programación o contratar a un experto en materia. Ten en cuenta que uno de los incentivos detrás del uso de gas en Ethereum es hacer que las DApps sean lo más eficientes posible. Un código ineficiente y mal escrito cuesta más al momento de ejecutarlo en la plataforma, por lo tanto, aunque es cierto que utilizar un lenguaje de programación diferente al que estás acostumbrado puede ser difícil a corto plazo, también puede generar beneficios a largo plazo.

El siguiente paso es decidir qué estructura (*framework*) utilizar. Una estructura es la base para el desarrollo de la aplicación. Solidity, el lenguaje de programación utilizado en la creación de Ethereum, tiene dos estructuras: Truffle y Embark. Truffle es la estructura más popular. Es una compilación integrada de contratos inteligentes, lo cual será una de las características principales de tu DApp. Embark permite el almacenamiento y la comunicación descentralizada; por lo que elegir entre Truffle o Embark se basará en tus objetivos para la DApp. Te aconsejo consultar nuevamente con los miembros de la comunidad blockchain para determinar cuál de las dos será la mejor para tu proyecto. Es probable que allí conozcas personas que ya han pasado por este proceso y que han cometido más de un error, así que es recomendable saber sus opiniones. Ellos podrán compartir contigo la sabiduría que les dejó sus éxitos y fracasos. También necesitarás descargar e instalar la estructura que deseas utilizar.

Durante la creación de tu DApp, tendrás que utilizar la página de inicio de Ethereum (www.ethereum.org) para crear una moneda digital con la que la DApp funcionará. El valor de esta moneda digital estará en contra del Ether (a diferencia del dólar o cualquier otra moneda fiduciaria o digital) y aumentará o disminuirá en el mercado según el éxito que tenga la DApp. Si quieres organizar un ICO para recaudar fondos y crear tu DApp, tendrás que presentar una propuesta sólida sobre el proyecto de esa DApp y cómo funcionará. Luego comparte esta propuesta con la comunidad de blockchain y evalúa cuánto apoyo y financiamiento puede obtener. Lo más probable es que tengas que invertir parte de tu propio dinero, pero eso no significa que tu DApp no será exitosa.

Lo siguiente es el proceso arduo y lento de escribir el código que permitirá la creación y ejecución de la DApp. El código es algo de mucha importancia que, además, cualquiera dentro de la blockchain podrá ver. El único altercado (hasta el momento) que ocurrió en Ethereum, aquel que involucró la DAO en junio del 2016, sucedió horas después de la creación de esa DApp porque alguien encontró una vulnerabilidad en el código, la cual fue aprovechada para robar millones de dólares en Ether. Como las transacciones de la blockchain no pueden ser adulteradas, el código tampoco puede ser modificado. Esto significa que si alguien descubre una vulnerabilidad en tu código, solo podrías quedarte sentado y ver cómo se roban todos los fondos de tu DApp.

Si quieres cobrar una tarifa por transacción, esto también tendrá que escribirse dentro del código inicial. Cualquier otra función o característica, en especial aquellas que involucran generar ingresos, también deberán estar escritas en ese código inicial, ya que este no puede modificarse de ninguna manera.

Una vez que el código esté escrito en su totalidad, necesitarás evaluar tu DApp probándola en una sandbox. Como se explicó anteriormente, el uso de una sandbox evitará que todo el sistema se vea afectado en caso de que exista un error dentro del código. Si descubres algún punto vulnerable en el mismo, podrás arreglarlo sin ningún tipo de consecuencias, tanto económicas como de reputación (y en el mundo de Ethereum, las consecuencias que afecten tu reputación pueden ser peores que las financieras). Una vez estés satisfecho con el código, compártelo con algunos de tus amigos entusiastas por la tecnología para que también lo evalúen. De esta manera, sabrás si alguien más puede encontrar alguna vulnerabilidad en el código que pueda ser aprovechada por alguien dentro de la blockchain.

Tan pronto el código esté listo y la DApp pueda ejecutarse, es hora de hacer el lanzamiento oficial. Felicidades por haber alcanzado este logro, y te deseo mucha suerte.

# Capítulo 7:
# Cómo Hacer Dinero con Ethereum

## Crear una DApp

Una manera de hacer dinero con Ethereum es creando tu propia DApp. Aunque el mecanismo para crear una DApp implica el uso de programación avanzada, que obviamente está más allá del alcance de este libro electrónico, esta sección explicará el potencial de una DApp y cómo puede generar ingresos.

Mientras tu DApp se encuentra en proceso de creación (es decir, desde su conceptualización hasta su lanzamiento), puedes percibir ingresos utilizando una *crowdsale* (venta previa de monedas). Ethereum tiene varias opciones para crear tu propia moneda digital que formará parte de tu DApp; puedes organizar una oferta de moneda inicial (ICO) en la cual otros pueden invertir en tu moneda digital y, por añadidura, también invierten en tu DApp. O simplemente puedes organizar una campaña en un sitio como GoFundMe o Kickstarter para ayudar con el financiamiento de la DApp. La comunidad de blockchain suele ser muy solidaria, y algunas personas han recaudado millones de dólares para sus proyectos. Por lo general, quieren que otras personas también tengan éxito. Explica con propiedad tu idea a la comunidad y hazle saber a la gente tu compromiso con esta idea y cómo la harás funcionar, que tienes la preparación necesaria y los recursos (incluyendo el tiempo) para poner en marcha el proyecto. Y luego mira la respuesta de la comunidad y evalúa cuál sería el siguiente paso a tomar.

Otra forma de hacer dinero con las DApps de Ethereum es cobrar una comisión por cada transacción. Aunque en un mundo ideal podríamos seguir nuestros sueños y metas sin tener que preocuparnos por el dinero, vivimos en un mundo donde el dinero es un instrumento esencial para la supervivencia. Antes de tomar la decisión de cobrar una tarifa, debes recordar dos cosas. La primera es que, ya que Ethereum es una blockchain de código abierto (*open source*), la información dentro de ella no le pertenece a nadie. Lo que significa que la información dentro de tu DApp tampoco te pertenece. Lo segundo que debes recordar es que la blockchain fue creada para devolver el poder a las personas en lugar de ponerlo en las manos de CEOs millonarios que componen el 1%. No puedes emprender esta tarea pensando que te convertirás en un director ejecutivo adinerado, o sino la comunidad de blockchain te dará la espalda. Las tarifas que apliques deben ser razonables y tan bajas como sean posibles, aunque todavía deben ser capaces de generar ingresos para ti. Recuerda que las DApps de Ethereum se ejecutan por medio de contratos inteligentes, y cada vez que se genera un contrato, el usuario paga una comisión en Ether. Una opción puede ser recibir una parte de esa comisión.

Un modo práctico para ti y tus usuarios de hacer dinero con la DApp es añadir avisos a la aplicación. Necesitarás llegar a un acuerdo con los negocios y compañías para colocar sus anuncios en tu DApp a cambio de una comisión cada vez que se ve el anuncio. A nadie le gusta ver anuncios (nada más piensa en un video de YouTube y lo molesto que es toparse con un anuncio), ¿pero qué pasaría si los usuarios pudieran ser recompensados de alguna manera al ver los anuncios en tu DApp? Ofrece a tus usuarios una parte del dinero generado por los anuncios y quédate con la otra parte. Solo con esta característica podrías atraer a muchos usuarios nuevos para tu DApp, y así aumentar tu base de ingresos.

Existen otras estrategias estándar para generar ingresos que han sido puestas en uso por aplicaciones tradicionales por muchos años. Como cobrar una tarifa de membresía, una comisión por descarga, y para pagar los servicios prestados. Un método que ha sido particularmente exitoso es ofrecer alguna versión básica de la aplicación de forma gratuita, y una vez que los usuarios deciden que les gusta, pueden pagar para descargar la versión completa. Todos los métodos tradicionales para hacer dinero a través de las aplicaciones corrientes se pueden adaptar a las DApps.

Si la programación está más allá de tus propias capacidades e intereses, no hay de qué preocuparse. Todavía hay muchas otras formas de hacer dinero en Ethereum.

## Minar en Ethereum

Otra forma de percibir ingresos es convertirse en un minero de Ethereum, ya que los mineros reciben cinco Ether por cada problema matemático que resuelven correctamente. Si el valor del Ether es de $300, ¡entonces un solo problema puede generar hasta $1500! Esa es una increíble forma de pagar las deudas estudiantiles.

Necesitarás preparar dos cosas antes de poder minar eficientemente para generar dinero. La primera es una fuente de energía eléctrica alternativa, ya sea solar o eólica, para alimentar tu computador. Recuerda que ejecutar una blockchain consume mucha energía, y una gran parte de esa energía se consume en el proceso de minería. Usar electricidad con combustible fósil corriente puede hacer que el proceso de minería no sea tan rentable, ya que implica pagar altos costos por gastos eléctricos.

Lo segundo es un computador equipado con una unidad de procesamiento de gráficos (GPU, en inglés) ya que incluso los modelos más básicos de estos funcionan hasta 200 veces más rápido que un PC estándar equipado con un procesador tradicional. Un CPU es tan ineficiente para este proceso que intentar minar solo con él no podría ser rentable.

La gran mayoría de los computadores para minería utilizan el sistema operativo Windows, por lo que las siguientes pautas solo pueden considerarse en estos sistemas. Si estás configurando un Mac como un computador para minería, es probable que necesites ajustar esta información según sea necesario. No necesitarás descargar toda la blockchain de Ethereum en tu equipo para minería, ¡lo cual es genial, porque su tamaño actual es de 20 gigabytes y sigue creciendo! En cambio, tendrás que descargar un cliente, la aplicación para minar, y un monedero para Ethereum.

Al descargar el cliente, tu computador se convertirá en un nodo Ethereum y se conectará a todos los demás nodos dentro de la red. Hay bastantes clientes disponibles para esto; entre los más populares se encuentra Geth, el cual ejecuta un script de línea de comandos GO. Es necesario investigar un poco para determinar cuál cliente es el más adecuado para tu base de conocimiento. Además de conectarte a la red Ethereum desde un computador nodo, el cliente también te permite escribir contratos inteligentes.

Como se explicó antes, también necesitarás un monedero Ethereum Mist. Este se puede encontrar fácilmente desde un buscador. Su descarga es un archivo con extensión .zip, el cual debe descomprimirse y luego ejecutarse. Sigue los pasos hasta la creación de la cuenta para poder enviar y recibir Ether.

Lo siguiente es descargar la aplicación para minar: Ethminer. Cuando instales Ethminer, tu computador se convertirá en parte de la red que protege la blockchain de Ethereum. Y por supuesto, podrás empezar a minar.

Básicamente hay dos formas de minar. La primera es hacerlo solo. Con este método, tus chances de resolver los problemas criptográficos necesarios para obtener Ether serán muy bajos, pero cuando lo logres, recibirás la compensación completa. La otra opción es unirse a un grupo minero. Los grupos mineros combinan el poder de cómputo de todos los usuarios y la compensación se divide equitativamente, en base a la contribución de cada uno. Los mineros que se unen a grupos suelen hacer más dinero, incluso teniendo en cuenta que la compensación por cada problema resuelto es menor, pero esto se debe a que pueden resolver más problemas a la vez. El número de miembros y la cantidad de poder de cómputo que tiene cada grupo minero siempre está variando, por lo que si decides unirte a un grupo, intenta mantenerte al día con las estadísticas del mismo.

## Invertir en el Ether

Otra manera de hacer dinero con Ethereum es invertir en su moneda digital: el Ether. Las criptomonedas son, en muchas formas, como una inversión tradicional. Pagas una cantidad en dólares por la acción (o en este caso, por el monto en Ether) que deseas comprar. Si la compañía (en este caso, la plataforma Ethereum) crece, el valor de la acción, o Ether, también lo hace. Ahora mira cómo el valor de tu inversión se multiplica.

Hay una diferencia crucial entre invertir en Ether y las acciones tradicionales de una compañía: la velocidad con la que crece la inversión. Las inversiones tradicionales pueden crecer a un ritmo de dos o tres puntos al año, y un crecimiento de diez puntos puede considerarse muy alto. En comparación, vemos cómo el Ether creció en 4500%, ¡en tan solo el primer semestre de 2017! Lo que esto representa para los inversores es que el ritmo sigue creciendo, pero en lugar de un mero 10% al año (con suerte), ¡podría subir hasta en 10000%! De verdad, no hay ninguna otra forma más fácil de hacer dinero.

Por lo general, las inversiones con ganancias altas son vistas como algo riesgoso, y este principio también es cierto para las criptomonedas. Dando un vistazo a su historia, las criptomonedas han estado sujetas a una volatilidad extrema. Los primeros años del Bitcoin vieron períodos donde su valor subió el doble en tan solo semanas, y algunas veces en días, seguido de un desplome absoluto en donde la moneda perdía casi todo su valor. Estos desplomes solían estar justificados por cosas como robos masivos (como el infame caso Mt. Gox, donde se perdieron billones de dólares y acabó con las propiedades financieras de miles de inversores de Bitcoin). Sin embargo, los protocolos de seguridad que contienen criptomonedas han aumentando enormemente, haciendo que las violaciones de seguridad sean un fenómeno mucho menos común.

El carácter volátil del Bitcoin en el mercado también está justificado por el hecho de que, en sus primeros días de lanzamiento, no mucha gente utilizaba la plataforma Bitcoin. Trata de imaginar una bola de cañón disparada en un charco de agua. Todo el sistema y la corriente del agua se verían afectados por el peso de la bola, solo porque no hay mucha agua en ese momento. En cambio, si esa misma bola de cañón fuera disparada en una piscina de tamaño olímpico, salpicaría de una manera relativamente pequeña, teniendo en cuenta el tamaño de esa piscina. Podría generar algunas olas pequeñas, pero no sería algo catastrófico para la piscina como lo fue para el charco de agua. En los primeros días del Bitcoin, cuando muy poca gente utilizaba la criptomoneda, un robo era el equivalente de esa bola de cañón disparada contra un charco de agua. Algunos robos, como el caso de Mt. Gox, demostraron ser casi mortales para toda la comunidad Bitcoin, y estuvieron muy cerca de acabar con la moneda digital. Por fortuna, ahora la comunidad Bitcoin ahora es tan grande que un robo mayor sería como aquella bola de cañón en una piscina olímpica. Podría sentirse su efecto en la comunidad, pero no podría acabar con la economía de la criptomoneda.

La plataforma Ethereum tiene tantos usuarios que utilizan el Ether, que estaríamos hablando de una piscina olímpica. En otras palabras, incluso si un robo gigante ocurriese, el impacto en la economía sería mínimo. En el verano de 2017, sucedió un colapso en la economía debido a un rumor de que Vitalik Buterin, creador de la plataforma, había fallecido. El valor del

Ether se desplomó de una manera espeluznante: paso de $300 a solo 10 centavos de dólar. Sin embargo, su valor se recuperó rápidamente al igual que su tendencia a seguir creciendo. Todo esto quiere decir que, aunque las criptomonedas tienen una historia de ser increíblemente volátiles, esos cambios drásticos ya no son tan alarmantes ni frecuentes hoy en día.

Puesto que el Ether está vinculado a un producto (Ethereum), se ha hecho cada vez es más popular y continúa ganando tracción, al punto que compañías multinacionales como J.P. Morgan están interesadas en él; y considerando su valor actual, las probabilidades de que este siga aumentando en el futuro son bastante altas.

Aún así, siempre existe la posibilidad de que el fenómeno conocido por algunos como "el experimento de la criptomoneda" pueda fallar, teniendo como consecuencia la pérdida total de todas las inversiones. Una regla general importante es solo invertir la cantidad que estés dispuesto a perder. Por ejemplo, dinero extra ganado por un trabajo independiente, dinero ahorrado al cocinar en casa en lugar de comer afuera, un bono de navidad que has recibido por tu trabajo; todas estas formas de ingreso pueden usarse con confianza para invertir en las criptomonedas. Es muy probable que no te mueras de hambre ni pierdas los ahorros de tu jubilación si solo inviertes en Ether $50 que ganaste cortando el césped o paleando nieve en el invierno antes de que la plataforma colapsara. Nunca debes invertir sumas como tus fondos de jubilación, el fondo universitario de tu hijo, o el dinero que ahorraste para el pago inicial de una casa, en Ether ni en ninguna criptomoneda. Si el mercado se desploma, entonces habrás perdido todas tus propiedades financieras. Las criptomonedas han desafiado constantemente todas las terribles predicciones que los economistas han hecho sobre este mercado, pero esto no significa que sean una inversión sin riesgos ni invulnerable.

Otra decisión que debes considerar al momento de invertir es diversificar tu portafolio, de la misma manera que lo harías con una inversión tradicional. Si decides invertir en las criptomonedas, invierte en Ether y también en otra criptomoneda, como el LSK (que está conectada con Lisk), Bitcoin, o incluso LiteCoin. De esta manera, si alguna llega a fallar y termina por desplomarse en el mercado, no perderás toda tu inversión.

# Conclusión

Para concluir, el potencial de la plataforma Ethereum está limitado solamente por los intereses, talentos y capacidades de las personas que la utilicen. Como una blockchain de código abierto, ninguna de la información contenida en ella es propiedad de una persona –ni siquiera de su creador– sino que se comparte entre todos los usuarios de la red. Este modo de distribuir la información asegura que ninguna persona pueda alcanzar un nivel incongruente de poder ni influenciar a otros, lo cual representa un cambio drástico del paradigma por el que se ha regido el concepto tradicional de tener un organismo gubernamental centralizado.

Vitalik Buterin imaginó una blockchain que podía ser usada para algo más que solo servir de apoyo para la plataforma Bitcoin, y la creación de Ethereum demostró que esto era posible. Gracias a Ethereum, más y más personas tienen acceso a los beneficios de la blockchain, como su transparencia y naturaleza libre de intermediarios. Uno hasta podría afirmar que, si Bitcoin creó la blockchain, Ethereum la adoptó para revolucionarla.

Hay muchas maneras en las que cualquier persona con un computador y algo de conocimientos puede generar ingresos desde la plataforma Ethereum. Una de estas formas es la creación de una DApp, y aplicar cualquiera de los métodos para generar ingresos discutidos en el último capítulo. Otra forma es minar Ether, la moneda digital utilizada para sustentar la red Ethereum, y otra alternativa es invertir en Ether, considerando cómo su valor ha aumentado a un ritmo acelerado.

Lo que decidas hacer con Ethereum depende completamente de ti y tu imaginación. Puede que descubras cómo crear una fuente de ingresos constante, o hasta podrías convertirte en la nueva cara del éxito de la noche a la mañana. Las posibilidades son ilimitadas.

Para finalizar, si este libro fue útil para ti de alguna manera, ¡entonces te agradecería mucho que escribieras una reseña en Amazon!

**Revisa Mis Otros Libros**

A continuación encontrarás algunos de mis más populares libros en Amazon y también en Kindle. Simplemente haz clic en los siguientes enlaces para verlos. También puedes visitar mi página de autor en Amazon para ver otros trabajos de mi autoría.

www.ingramcontent.com/pod-product-compliance
Lightning Source LLC
Chambersburg PA
CBHW071206210326
41597CB00016B/1696